O Naydawnieyszych Ksiazkach Drukowanych W Polsce: A W Szczegolnosci O Tych, Ktore Jan Haller W Krakowie Wyda...

Felix Bentkowski

O

NAYDAWNIEYSZYCH KSIĄŻKACH

Drukowanych w Polszcze,

a w szczególności o tych, które

JAN HALLER

w Krakowie wydał.

WIADOMOŚĆ ZEBRANA

przez

FELIXA BENTKOWSKIEGO,

Professora Historyi i Bibliotekarza
w Liceum Warszawskiém.

w WARSZAWIE.

---

w Drukarni XX. Piiarów.
1812.

In verbis simus faciliores, ut res
promoveatur.

DO
J. W. B. P. P. N. X. W.

Składam Ci, kochany przyiacielu, cząste-
czkę poszukiwań z obszernego, a dotąd w wię-
kszey części odłogiem leżącego pola historyi li-
teratury oyczyftey. Wiem ia dobrze, iż wielu
rodaków obfite na tey rozległey niwie zebrało
plony; lecz cóż stąd, kiedy wszyscy chcąc oraz,
aby pisma ich, iako iuż dzieła doskonałe, wy-
szły na widok publiczny, wftrzymuią z krzy-
wdą całego narodu, upowszechnienie swych ba-
dań i uwag. Nie pomną ci mężowie, iż wszelki
początek nader iest trudny, i wszelkie dzieło
pierwiastkowe doskonałem bydź nie może,
zwłaszcza gdy zważy się, iak rozliczne w tey
mierze trudności ftawaią na przeszkodzie.
Temu bowiem, przy naylepszey chęci, zby-
wa na sposobach korzyftania z zamożnych
bibliotek oyczyftych; tamtemu ieft to wpraw-
dzie dozwolono, lecz mu czasu do badań ta-
kowych brakuie, trzeci, czwarty i t. d. inne
równie ważne na usprawiedliwienie siebie
prytoczy powody. Cudzoziemcy tymczasem,

a częstokroć i właśni rodacy nawet, tak są-
dzą o literaturze Polskiey, iak u nas, n. p. po-
spolicie mniemaią o literaturze Hiszpańskiey,
albo Arabskiey.

O tey ramocie powiedz, napisz, wydrukuy
twoie zdanie; iakkolwiek ono dla mnie wy-
padnie, zawsze mi będzie miłe, byle ogół
na tem zyskał. — Zapewne nie wszędzie iednego będziesz ze mną zdania; tego też pra-
gnę w przekonaniu, że bez słusznych przy-
czyn to nienastąpi; a wiem także, że źle tam
stoią sprawy Rzeczypospolitey naukowey, gdzie
wszyscy we wszystkiem, tylko potakuią, iak n. p.
u nas za Jana Sobieskiego i późniey. Scie-
ranie się zdań koniecznie iest potrzebne; na-
prowadza bowiem na drogę prawdy. Wszak
i żołnierz naywaleźnieyszy laurami okryty,
w ustawicznym zostaiąc pokoiu gnuśnieie; do-
wodem tego iest także duchowieństwo w kra-
iach gdzie iedna tylko religia wyłącznie i sa-
mowładnie panuie. Czekam więc Twego zdania, ale proszę Cię na piśmie, bo wiesz że
owych wyroków ustnych równie nie lubię, iak
Ciebie poważam i kocham.

w Warszawie dnia 30 Sierpnia 1812.

F. BENTKOWSKI.

WIADOMOSC

o Naydawnieyszych Drukach Polskich.

Codzienne doświadczenie i powierzcho-
wna znaiomość dzieiów świata, przekony-
waią nas dostatecznie, iak użyteczném,
iak zbawiennem dla rodu ludzkiego stało
się wynalezienie sztuki drukarskiéy. Skoro bowiem umieietność czytania i pisania,
za tak wielką zaletę w dwunastym wieku
we Włoszech uchodziła, iż winowayców
kryminalnych, którzy ią posiadali, od
kary śmierci uwalniała; nie dziw tedy,
że xięgi ręką ludzką przepisywane, nader były na ów czas kosztowne. Dla tego też Monarchowie i zamożni tylko oby-
watele księgi posiadać mogli (1). Lecz od

---

(1) Długosz mówiąc o testamencie Kazimierza W. wylicza iego zapisy, a pomiędzy innemi kleynotami i
kosztównemi rzeczami wyienia Monstrancyą i Bi-

I

wynalezienia sztuki drukarskiey, a tém
samém rozmnożenia pism wszelkiego rodzaiu, i mniéy maiętni mogli xięgi kupo-
wać, one czytać i ſtawać się uczeſtnikami
oświaty. Szczęśliwym trafem wynalazek
ten przypadł w czasach odradzaiących się
nauk, do których także rozszerzenia zna-
cznie się przyłożył.

Zważywszy ważność sztuki drukarskiéy,
nieoboiętną ieſt dla miłośnika dzieiów oy-
czyſtych wiadomość czasu, w którym Drukarnie i przez kogo do nas zaprowadzo-
ne zoſtały.

Nim iednak przyſtąpimy do wymienie-
nia naydawnieyszych nam znanych płodów

---

blią, iako podarunek dla Kościoła Gnieźnieńskiego
przeznaczony. Długosz w edycyi Lipskiey 1711.
in fol: I. IX. k. 1161. Niektóre przykłady ceny
ksiąg, przed wynalezieniem Drukarni dochowane,
dowodzą, iak kosztowne były naowczas pisma,
okazuią oraz, iż cena ta dla rożnych okoliczności
bywała rozmaita. I tak n. p. W Roku 1400. kupił
Klasztor S. Michała w Lineburgu 9 rękopismów,
zawieraiących same obiaśnienia dekretów Papiezkich
za 115. złotych niemieckich. W Roku 1427. nabył
Jan *Prochsel* Kanonik Eychsztedzki dekret ieden
Papiezki za 43. złotych niemieckich. [Morg gruntu
naylepszego, wolnego od dziesięciny kosztował
naowczas 40. Złł. Niemieckich]. W Roku 1450.

drukarni polskich, godne są wspomnienia
okoliczności z historyi sztuki drukarskiey,
które zaszczyt imieniu Polskiemu przy-
noszą.

Ryciny, czyli rznięcia na drzewie i wy-
biianie tym sposobem obrazków i kart do
grania, przy końcu czternaftego wieku,
ftało się powodem *Jansonowi Koster*,
obywatelowi Harlemskiemu, iż tegoż sposobu do rozmnożenia ksiąg używać po-
czął. Jakoż w rzeczy samey, wyrznawszy
na tablicach drewnianych litery, wybiiał
ie na papiérze, i każda takowa tablica,
składała iednę kartę, czyli ftronicę pi-

_____

przedał *Poggius* rękopism Liwiusza Historyi, za
120 dukatów, i kupił sobie za te pieniądze wieś
przy Florencyi. *Donat Acciajuoli* kupił w Roku
1470. żywoty Plutarcha za 30. dukatów, a listy
Seneki za 15. Ludwik XI. Król Francuzki, chcąc
od wydziału medycznego Akademii Paryzkiey w Roku 1471. pożyczyć dzieła Rhazesa, musiał dadź w
zaftaw wiele sprzętów srebrnych, i Szlachcica iednego na zakład. Przy końcu XV wieku koszto-
wała Biblia Niemiecka 400. Talarów, które core-
natos nazywano. Concordantia Biblica w Paryżu
300. dukatów, listy Cycerona we Włoszech 10. dukatów płacono. Obacz. Wachlera Handbuch d. lie-
Kultur. I, 346.

2*

sma. (2:) Takowe to druki xylografi-
cznemi powszechnie nazywane, poprzedzi-
ły wynalazek prawdziwéy drukarni, utwo-
rzonéy z składania liter poiedynczych,
które się po wydrukowaniu rozbieraią, i
do nowego użycia służą (3).

Po wydoskonaleniu ważnego wynalazku druków xylograficznych, dzieło Mateusza z Krakowa (4) pod tytułem: *Ars
moriendi* w roku 1440. przez Kostera w
Harlemie wydane, do naypiérwszych tego

---

[2] Obacz Wachler Handbuch d. litt: Kultur r, 10. i X. de
Petity o sztuce drukarskiey w dziele Encyclopedie
élémentaire T. II. R. z. p. 305.

[3] Obacz Breitkopf über die Geschichte der Erfindung
der Buchdruckerkunst, w Lipsku 1779. 4to i wielu innych autorow w teyże materyi piszących.

[4] Mateusz z Krakowa urodził się około roku 1345. W
Oyczyznie nauki ukończywszy, udał się do Akademii Praskiey, gdzie poźniey Rektorem obrany,
tąż głowną szkołą przez długi czas zarządzał.
Tenże sam zaszczyt spotkał go i w Paryżu, gdzie
także Teologią licznym zawsze słuchaczom wykła-
dał. Poźniey był Teologiem Cesarza Ruperta, który go do spraw zaufania wymagaiących, a między
innemi do umowy z Tamerlanem używał. Za te
wszystkie prace Infułą Wormacyeńską obdarzony,
umarł roku 1410. Obacz Załuskiego programma lit-
terarium cura Schulzii Dantisci 1745. 4to na k. 40.

rodzaiu druków należy (5). Zaszczytem
ieſt to dla nas, iż sława Polskiego autora,
lubo iuż naówczas nieźyiącego, tak była
wielką, że dziełu iego nad tyłą innemi
daiąc pierwszeńſtwo, godnem ie osobli-
wiéy rozmnożenia osądzono, i że od pisma
Polaka sztuką drukarska początek swóy
wzięła. Z upowszechnieniem drukarni przy
końcu piętnaſtego wieku, rozmaite dzieła tegoż Macieia Krakowczyka (6.) i

---

Sołtykowicz o Akade: Krakow: w Krak: 1810. 8vo
na k. 117. Niesieckiego Korona Polska T. I. k. 12,
gdzie i pisma i niektóre szczeguły życia ſtego mę-
ża pierwszego Kardynała Polaka są wymienione.

[5] Książeczkę tę z dwunastu kart na iednéy tylko stronie drukowanych składaiącą się, którey całkowity
tytuł iest następuiący : Mathiæ de Cracov ars moriendi. Laur: Joan: Coster civis Harlemensis ex-
cudebat ut aiunt R. S. H. 1440. 4to, kupił Xiąże
de la Valière za 1070. liwrów na aukcyi po xię-
garzu Mariette w Paryżu. Obacz Debure Catalo-
gue de la Bibliot: du Duc de la Valière I, 207.
Mariette xięgarz Paryzki przedrukował to pismo
naszego Mateusza w roku 1738. 4to nie tak dla
ważności rzeczy, iako raczey dla pamiątki, iż
sztuka Drukarska od niego się poczyna.

[6] Jako to pismo pod tytułem : Utrum expediat et de-
ceat sacerdotes continuare missas, vel Laicos fre-
quenter communicare. Meming. 1491. Maittaire.
Annal. typogr. I. 538.

wielu innych Polaków (7.) drukowano za granicą.

Gdy w kilkanaście lat po wynalazku Koftera, Jan Guttenberg i Faust, sztukę drukarską w Moguncyi coraz bardziéy wydoskonalali, i dzieła wydawać poczęli, powftały Drukarnie około roku 1465. we Francyi, w Niemczech i Włoszech. A lubo w tych czasach w kraiu naszym wzmianki ieszcze nie znaydujemy o Drukarniach, lub nader, zatarte są ich ślady (8), Polacy iednak trudnili się iuż za granicą drukowaniem xiąg rozmaitych. *Adam* rodem z Polski był drukarzem w Neapolu w ro-

---

[7] Między innemi *Mikołaia z Błonia* [żył za Władysława Jagiełły] którego pisma w roku 1487. 1491. 1492 i poźniey z obcych drukarni na widok publiczny wyszły. Obacz Maittaire Annal. typogr. I, 541 Janociana II. 14. *Marcina Strzębskiego* [u-marł roku 1279] nader sławnego osobliwie przez swą Kronikę Cesarzow i Papieżow, pokilkakroć przedrukowaną, i inne pisma iuż w roku 1486. I, 488. i poźniey wydawane. Obacz Bayle. Diction. Histor. pod wyrazem: *Polonus.* Maittaire Annal. typogr. I, 480. Niesiecki I. 116.

[8] Tu należy dzieło: Explanatio Psalmorum in Cracis 1474; o którém wspomniemy niżey, wyliczaiąc druki staożytne za Krakowskie poczytywane.

ku 1478 (9); *Skrzetuski* w Wiedniu (10), Władysław a późniey *Stanisław* Polacy także, w Sewilli (11) łącznie z Meynardem Ungutem przy końcu piętnastego wieku

---

[9] Panzer w swych rocznikach drukarskich w Tomie II. k. 159. przytacza dzieło przez Adama Polaka drukowane, a na wspólne iego koszta z Mikołaiem de Luciferis Neapolitańczykiem wydane, pod tytułem S. Antonini Florentini, confessionale w ięzyku Włoskim. — W Neapolu 1478. 4to; także Maittaire wspomina pod rokiem 1478. o Janie Adamie de Polonia Annal. typogr. I, 265. 2dz editionis.

[10] Obacz przypiski do pochwały Szymanowskiego, Przez Stanisława Potockiego na k. 52.

[11] Władysław (Ladislaus Polonus) utrzymywał wspólnie z Ungutem drukarnią w roku 1491, iak się z tytułu dzieł wydanych przekonać można. Maittaire Annales typogr. I, 537. Stanisław zaś (Stanislaus Polonus *Lanzalao*) drukował wspolnie z tymże Ungutem od roku 1491 aż do 1500, iak świadczą dzieła których pamiątka dochowana. Obacz Maittaire Annales typogr. I. 573. Panzer Anal. typogr. V. 475.— Janocki w dziele Janociana II. 264 mówiąc o naszym Stanisławie miał przed oczyma przytoczone mieysce z Maittera, lecz w tém się pomylił, iż tłumaczenie tam wymienione Egidyusza de *regimine principum* roku 1494 wydane, nazywa Hiszpańskiem, gdy ono rzeczywiście iest tłumaczeniem Włoskiem, iak okazuie tytuł w Meterze wypisany.

różne na widok publiczny powydawali dzieła. Podobnież przemilczéć tu nie należy, iż rodak nasz w państwie Ottomańskiém wśrzód napływu cudzoziemców różnych Narodów, piérwszy w Konstantynopolu założył Turecką drukarnią. Nie mogliśmy dotąd wyśledzić ani imienia familii, ani mieysca urodzenia iego, lecz tyle wiemy z pewnością, iż ziomek ten nasz wszedłszy w służbę Turecką i przyiąwszy religią Mahometańską, przybrał imie *Ibrahima Effendego*, a męztwo i roztropność, które mu były właściwe, wyniosły go do pierwszych Państwa tego dostoieństw. Osiągnąwszy *Ibrahim Effendi* urząd *Muteferraka*, czyli naczelnika gwardyi W. Sułtana, założył pierwszą drukarnią Turecką w stolicy Państwa Ottommańskiego roku 1728 (12).

W początkach zaraz otworzenia tey Drukarni, wyszło na widok publiczny wie-

---

(12) Obacz X. de Petity Encyclopedie élémentaire ou l'introduction à l'étude des lettres des sciences et des arts. Paris 1767. 4to w drugiey części Tomu drugiego, gdzie mówiąc o sztuce drukarskiey i o naszym Ibrahimie Effendim na k. 359 pisze. Cfr. Nouveau Dictionaire Historique par Chaudon et Delandine edycyi 1804 roku wydaney pod wyrazem *Ibrahim*.

lę pism użytecznych, a między innemi
Historya Państwa Ottomańskiego, Traktat
o sztuce woienney, Gramatyka Turecka
z obiaśnieniem francuzkiém i inne. Lecz
ponieważ w tém mieście wiele się utrzy-
muie ośób z przepisywania rękopismów
rozmaitych, tedy używano sposobów do
przytłumienia powstaiącéy drukarni, przy-
wodząc i to za przyczynę taki krok u-
sprawiedliwiać maiącą, że możeby chcia-
no wydrukować z czasem Alkoran, w który łatwoby się wkraść mogły błędy bardzo widocznie religii szkodzące. Prócz
tego *Mullasowie*, *Effendowie* i inni lu-
dzie prawni i pismienni, którzy prywatą
powodowani, starali się o przytłumienie
drukarni (13), przełożyli w Dywanie, iż
byłoby to szkaradnem bluźnierstwem drukować imie Bóga czernidłem, do którego

[13] Wiadomo z Historyi, że gdy się pierwsze pokaza-
ły książki drukowane, które daleko taniey niż dotąd rękopisma sprzedawano, kopiści i Duchowni
trudniący się przepisywaniem książek, okrzyczeli,
iuż to przez osobisty interes, iuż przez swą pró-
stotę Gutenberga i Fausta wynalazców drukarstwa
za czarnoxiężników, lubo w ówych wiekach może-
nieprzewidywano ieszcze zupełnie, ile Drukarnie
do rozszerzenia opiniy rozmaitych przyłożyć się
mogą.

wchodzi żołć wołowa. Dowody te dla
Turka nader ważne, (lubo w nas śmiech
tylko wzbudzaią), tudzież zawczesna śmierć
Ibrahima Effendego, który swe dzieło
dopóki tylko żył wszelkiemi popierał i u-
trzymywał sposobami, iako też obawa
buntu pospolitwa uwiedzionego przez lu-
dzi osobiltemi widokami powodowanych,
i nadal przewiduiących, sprawiły przecięż
iż Drukarnia ta około roku 1750 zamknię-
ta zoltała. Teraz iednak drukuią znowu
księgi Tureckie w Koltantynopolu; lecz
iakie pod tym względem ograniczenie
przepisano, z pewnością powiedzieć nie
można. Przyltapmyż z kolei do samego
drukarítwa w kraiu naszym.

Nie masz nigdzie śladu, kiedy i które
dzieła drukowane do Polski nasamprzód
sprowadzono. Ze wzmianki w życiu Długosza o sprowadzeniu do Polski autorów
klassycznych umieszczoney, wnosili niektórzy (14), iakoby autorów tych dzieła

[14] Wyrazy życiopisa są: Multos rediens ex Italia at-
tulic libros, przsertim quos nunquam prius in regno visos sciebat. Importarat itaque Curtium, Ju-
stinum, Sallustium et Livii quicquid in usu est, Ciceronis etiam pleraque volumina &c. — Przy Długosza edycyi Lipskiey na stronie XI. Ze wyrazów

nie były w rękopismach , lecz księgami
drukowanemi ; na poparcie takowych
wniosków, przyięto rok 1475 za właściwy
czas podróży przez tego autora do Włoch
odbytey. Dokładnieysze wszelako wszyſtkich do życia Długosza należących okoliczności roztrząśnienie , pokazuie nam
doſtatecznie, iż on w roku 1450. po raz
oſtatni Włochy odwiedził. Gdy zaś wte-
dy drukarni ieszcze nie znano, twierdzić
zatém potrzeba , że Długosz stamtąd same
tylko rękopisma z sobą przywiozł. (15).

_____

tych iakby przed Długoszem autorów klassycznych
Polacy znać nie mieli, literalnie brać nie można,
dowód mamy oczywiſty w Historyi Kadłubka, który [umarł 1223] lubo za granicą nie był, znać
iednak pisarzów Rzymskich musiał, ponieważ całe
peryody z Juſtyna wypisane, w swem dziele u-
mieścił, iak np. w Liście piérwszym Księgi pierwszéy na k. 693. w edycyiLipskiey. Obacz Juſtyna
Historyą lib: XXXII. Cap. 3. ad fin. — Cfr. Lelewela
uwagi nad Mateuszem Cholewa, w Wilnie 1812 na
karcie 147.

[15] Powodem do owego mniemania iakoby Długosz w
roku 1475 Włochy zwiedził, były zapewne wyrazy iego życiopisa [na k. IX.] mówiącego : *quo
anno forte frequentabantur venia, quas iubileum
vocant, Romam se contulit, inde Venetias ex
quo loco in Syriam etc.* a w rzeczy samey obchodzono roku 1475. w Rzymie pierwszy Jubileusz
25letni. Lecz na to nie uważano, iż w roku także

Pominąwszy pierwsze do Polski druków
sprowadzenie, ftaraymy się raczey dociec,
kto i *kiedy* u nas piéwszą założył Drukar-

że 1450 obchodzono w Rzymie Jubileusz 50-letni;
i że gdyby Długosz podróż tę przez Włochy do
ziemi świętey istotnie dopiero w roku 1475 liczę
iuż sobie lat 60.] miał był odprawiać, tedyby
trzeba orez zaprzeczyć ową niezawodną wiadomość
historyczną, iż był nauczycielem synów Kazimierza Jagiellończyka. Historya bowiem świadczy, iż
dopiero po powrocie z ziemi świętey, wezwany
był Długosz na przewodnika Królewiców, a Władysław naystarszy syn Kazimierza iuż w roku 1471
udał się z Długoszem do Czech na obięcie korony
po Jerzym Podjebradzie. Potwierdza nasze zdanie
godna pamięci odpowiedź Kazimierza dana Długo-
szowi, gdy się ten wahał iechać z Królewiczem
do Czech: ,, Dwóch ma ten młodzieniec oyców,
mówił Monarcha, mnie pierwszego, który go spło-
dziłem, ciebie drugiego, który go wychowałeś i
oświeciłeś. Naderby tedy okrutną było rzeczą,
gdyby w iednymże czasie obudwu pozbawiony,
do nieznaiomego sobie Narodu miał się udać. Sam
chętniebym z nim iechał, gdyby stan Królestwa
dozwalał tego, sądzę przeto za rzez przyzwoitą,
abyś ty obu Oyców mieysce zastępował, i teraz
osobliwie nieopuszczał młodziana, gdy przy za-
kowéy zmianie położenia, naybardziey zdrowey ra-
dy potrzebuie.‟— Obacz na k. 10. przy edycyi
Lipskiey.

nia? Wszyscy się na to zgadzaią, iż Kraków szczycący się ſtarożytną Akademią, iako siedlisko nauk i ſtolica Monarchów, nasamprzód w kraiu naszym otrzymał drukarnią. Mówiąc zatém o pierwszych drukach Krakowskich, mamy rzecz o piérwszych drukach Polskich. Hoffman w piśmie o drukarniach Polskich (16), Janocki w dziełach swoich o Pisarzach i Księgach Polskich (17), Józef Załuski w Bibliotece Hiſtoryków. Polityków i prawników Polskich przez J. Epif: Minasowicza pomnożoney (18), nazywaią *Jana Hallera* piérwszym, który do Polski drukarnią sprowadził. Lecz przed trzema laty wspomniał nawiasem Tadeusz Czacki w iedném z pism swoich (19), że Hallera poprzedził

[16] De typographiis earumque initiis et incrementis in Regno Poloniæ et M. D. Lithu: Dantis. 1740. 4to k. 5.

[17] In Janocianis I. 1106. Nachricht von raren pólnischen Büchern IV. 100. sqff.

[18] Dzieło pełne erudycyi i wiele wiadomości do bibliografii Polskiey należących zawieraiące w rękopiśmie dotąd zostaie. W tym exemplarzu, który ia posiadam, ieſt 197. stron in 4to dość ściśle pisanych.

[19] Rozprawa pod tytułem, czy prawo Rzymskie było zasadą praw Litewskich i Polskich, w Wilnie 1809. k. 79.

Sewald, który w roku 1494 pozwany był o drukowanie książek heretyckich, a Jerzy *Bandtkie* w rozprawie o pierwszych drukach Krakowskich (20) opisawszy ośmiogłośnik Jana Damascena w ięzyku Sławiańskim Cyrylskiemi literami drukowany w roku 1491. przez mieszczanina Krakowskiego Szwantopołta Fiol z Niemiec, rodu Niemieckiego Frank (21), wno-

---

[20] Dissertatio de primis Cracoviæ in arte typographica incunabulis. Cracoviæ 1812, 4to.

[21] Ktoby ten Fiol czyli Fieol miał bydź, niewiadomo iest Panu Bandtkie, podobnież nieśmie on rozstrzygnąć, co się znaczy wyraz *Frank* [w oryginale iest: iz Nemec Nemeckaho rodu Frank], mali to oznaczać Frankonią, czyli też imie familiyne? — Nam przychodzi tu na myśl sławny Drukarz, który w Rzymie pod imieniem *Eucharius Silber alias Franck* od roku 1480. począwszy i w latach następnych wiele dzieł wydrukował. Przeyrzawszy w Pancerze [Annal. typgr. Tom II. od k. 474 do 519.] dzieła przez tego Drukarza wydane, znayduię, iż się rozmaicie nazywał, i tak raz pisze się *Eucharius Silber*, inną razą *Eucharius Silber alias* Franck, gdzie indziey E. S. alias Franck natione Allemanus, lub Eu: Silber Allemanus, lub *Eucharius Frank*, albo też *Eucharius Argenteus*, niekiedy *Eucharius Archirion* [Argyrion znaczy w Greckim sre-

ai stąd, iż ten Szwantopołt Fiol, czyli Frank, przed Hallerem w Krakowie był drukarzem. Piszę daley, iż nieśmię tego nawet Szwantopołta piérwszym Krakowskim drukarzem nazywać, bo dowiaduie się, iż w aktach

---

bro lub drobną srebrną monetę], czasem dodał także wyrazy *dioecesis herbipolensis*. Porównawszy te rozmaite nazwiska, skłonny iestem do wniosku, iż ten Magister *Eucharius Silber* [Archirion, argenteus] alias, *Franck natione Alemanus dioecesis Herbipo-lensis*, przełożył swoie imiona i nazwał się tu-tay Szwantopołt Fiol [Fieol]. W takowym razie wyraz *Frank* znaczyłby Frankończyka, gdyż Her-bipolis [Wirzburg] głównym było miastem Cyr-kułu Frankońskiego. Biegli w Sławiańszczyznie, niech wyłuszczą, z jakich powodów imie *Eucharius* może bydź wyłożone przez *Szwantopołta*, a *Silber* przez *Fiol*; ia tyle tu tylko dodam, iż w Słowni-ku nowey Greczyzny, znayduię czyste srebro prze-tłumaczone przez *Phinon*. Trudność pozorna, iż z Drukarni Euchariusza Silbera w Rzymie, wycho-dziły dzieła i w roku 1491, i późniey aż do 1500, że przeto w dwóch razem miastach drukować nie mógł, ustaie zupełnie, zastanowiwszy się, iż Księgarze i Drukarze nie tylko w ten czas, ale i dziś ieszcze bardzo często, pisma sobie powierzone gdzie indziey drukuią, skoro własną officynę in-nemi robotami bardzo zatrudnioną widzą, lub cha-rakterów potrzebnych nie posiadaią.

Biskupich Krakowskich, iest wzmianka o
nieiakim Swayboldzie, czyli Sweboldzie,
który w roku 1491 i 1492 księgi także
drukował, i w roku 1491 przed Fryde-
 rykiem Biskupem Krakowskim miał sprawę
(22). My iednak sądzimy mieć słuszne
powody do mniemania, iż Haller (lubo
nie ieft nam znaiome dotąd dzieło przed
rokiem 1491 *z wyrażeniem roku* przez
niego drukowane) piérwszy w roku 1490
przynaymniey; ieżeli nie iuż około roku
1486 założył drukarnią w Krakowie. Przy-
czyny które nam do tego zdania są powodem, zasądzaią się

1. Na samem zeznaniu Hallera, mianu-
iacego się piérwszym, który drukarftwo
do Polski zaprowadził, a bardziéy na
świadecwie autorów w samych początkach szesnaftego wieku piszących.

2. Na świadectwie wiary godnego pisarza, który miał w ręku księgi Sławiańskie przez Hallera w Krakowie w piérwszych zaraz czasach zaprowadzenia tamże drukarni wydane.

_____

(22) Ten Swaybold, czyli Swebold, iest zapewne taż
sama osoba, o któréy wspomina Czacki pod imieniem Sewálda, lubo odmiennie cokolwiek w niektórych okolicznościach.

5. Na

3. Na zbiegu rozmaitych okoliczności, które toż zdanie potwierdzać się zdaią, i na wniosku stąd wypływaiącym, że lubo teraz nie wiemy o księgach Słowiańskich, lub innych pierwiaſtkowych drukach Hallera, piérwszeństwa dlatego komu innemu w zaprowadzeniu do Krakowa drukarni przed nim dawać nie można, bo czas i troskliwe szperanie po Bibliotekach odkryć nam ieszcze mogą, dawne, zwłaszcza Hallerowskie druki. Że zaś nie znamy wszyſtkich pism w téy oficynie drukowanych, okazuie się iawnie z przyłączonego niżey opisu.

W szczególności wyłożemy dowody nasze.

I. Nie polegaiąc na zapewnieniu pisarzy późnieyszych, Hallera u nas pierwszym Drukarzem nazywaiących, zobaczmy co o nim mówią autorowie współcześni.

Tomasz *Bederman* rodem z Poznania wydaiąc w roku 1505 tłumaczenie łacińskie ziemiańſtwa Hezyoda(23), przypisał ie

---

(23) Całkowity tytuł tego dzieła ieſt: Antiquissimi græcorum poëtarum Hesiodi, Georgicorum liber per Nicolaum de Valle e Græco in Latinum conversus.

Janowi z Stobnicy Professorowi Krako-
wskiemu, i w tey dedykacyi wychwala Hallera, że piérwszy do Krakowa drukarnią zaprowadził. Własne iego wyrazy są: „Vole-
„bam jam dudum preceptor mihi omni-
„um observandissime Hesiodi poete gre-
„corum antiquissimi librum arte impresso-
„ria, que nunc in studio nostro Cracovi-
„ensi, impensis optimi civis Joannis Hal-
„ler *primum vigere cepit* publice ma-
„nibus tractandum efficere, id quod mi-
„hi ea tempestate convenientissimum fa-
„ctum fuit, quippe qui vacanciis istis
„canicularibus nullo impeditus negotio
„ut *emendatissimis caracteribus* (24)
„liber in lucem veniret vigilantius prospi-
„cere potuerim. “

___

Na ostatniey karcie wyrażone iest: Impressum
Cracovie per Casparem Hochfeder. Anno Domini
1505. 4to. Janocki von raren polnischen Büchern
IV. 121.

[24] Wyrazy te *emendatissimis caracteribus* maią zapewne znaczyć zaprowadzenie nowych liter na
mieysce dawnych niezgrabnych Gockich z Norymbergi sprowadzonych. (Obacz niżey przypisek pod
Nro 32). Potwierdzaią toż zdanie słowa: *impressum pulchris correctisque characteribus,* znaydu-
iące się na tytule sławnego Mszału Krakowskiego,
u Hallera bez wyrażenia roku, lecz zapewne przed

Michał z Wrocławia przypisuiąc w roku
1509. Hallerowi dzieło swoie o dyalekty-
ce, które w tymże roku z officyny Hallera na widok wyszło, potwierdza to, co
powiedział Bedermann (25). Słowa zaś iego są następuiące: „ Non possum adduci
„humanissime Joannes, quin tibi gratificer
„plurimum, qui summam profecto hac
„nostra tempestate curam adhibuisti,
„ut tua opera, tua diligentia Reipublice
„fructum afferres amplissimum. Quid enim
„commodius, quid utilius et urbi et Gym-
„nasio Cracoviensi accidere possit, quam
„eam habere artis impressorie officinam
„per te studiosissime ac sumptuose ere-

rokiem 1500. drukowanego, obacz Janocki rare
polnische Bücher IV. 99. W dziele pod tytułem:
Epistola Caii Plinii Secundi majoris ad Titum Vespasianum Imperatorem znayduią się na końcu następuiące wyrazy: Chalchographatum hac *primicia-*
li pressura Cracovie per Casparum Hochfeder. Anno Domini MCCCCCIII. Wyrazy primiciali pressura
znaczą zapewne podobnież nowe litery.

[25] Całkowity tytuł tego dzieła Michała Professora Krakowskiego, iest takowy: Introductorium dyalectice: quod congestum logicum apellatur. Pismo to
przedrukowano w Strazburgu 15 5 roku 4to, gdzie
się list przypisny Michała do Hallera także znayduie ecc. Janocki von poln: Büchern IV. 135.

„ctam, qua utriusque fama celebrior apud ex-
„teros reddatur, qua denique adolescen-
„tes literis traditi ad studia capessenda
„vehementius incitentur. Quid enim Ro-
„manos aliquandiu obscuros fecerit, etsi
„domi atque militie egregia gesserint faci-
„nora, nisi scriptorum inopia quibus Gre-
„ci abundarunt, idcirco fama Romanis
„fortissimis longe clariores extitere.„ Ktoż-
by po przeczytaniu tych wyrazów chciał
ieszcze Hallerowi pierwszeństwa w zaprowadzeniu drukarni odmawiać? Lecz może ktoś rzecze, iż wyrazy Michała Wrocławianina *officinam studiosissime ac*
sumptuose erectam, nie znaczą że on nay-
pierwszą do Krakowa zaprowadził drukarnią, lecz tylko że pierwszą wielką i w
wszystko obfituiącą drukarnią otworzył,
chociaż iuż przed nim inne, lecz mniey
znaczne w Krakowie się znaydowały. Na
ten zarzut w dalszych wyrazach tegoż Michała znayduie się odpowiedź; nie mówi
on tam bowiem o kosztach, o wspaniało-
ści druku, lecz tylko o pożytku z zaprowadzenia drukarni, z upowszechnienia
pism wszelkiego rodzaiu, a tem samém
z ułatwienia sposobu w rozszerzaniu rozmaitych wiadomości.

Zważmyż teraz, że Haller sam o sobie

w dedykacyi Mszału dyecezyi Płockiey roku 1520. Erazmowi Ciołkowi Biskupowi
Płockiemu, (26) pisze: „Qui in hoc am-
plissimo regno ante alios magnis equidem
impensis artem impressoriam studiosissime agere cepi." Czyliż Haller gdyby rzeczywiście nie był do Polski pierwszey drukarni zaprowadził, śmiał był bezczelnie
ten zaszczyt sobie przypisywać, gdy rzecz
ta w świeżey tkwiła pamięci?

II. Co się tycze książek Sławiańskich
w Krakowie drukowanych, nie mieliśmy
dotąd dokładney o nich wiadomości. Rozprawa P. Bandtkiego odkryła nam iednego z tych fenixów. Rozważmy teraz co mówią inni o tey rzeczy pisarze. Starowolski
(umarł 1656) (27) mówiąc o Janie z Gło-

---

[26] Missale Dioecesis Plocensis, impressum Cracoviæ in
edibus Domini Joannis Haller anno 1520 fol. cfc.
Janecki von raren poln. Büchern I, 44.

[27] W dziele Hecatontas, seu centum illustrium Poloniæ
scriptorum elogia et vitæ pod Nro 39 edycyi We-
neckiey roku 1627. 4to wydaney. Nie od rzeczy
będzie tu wspomnieć, iż pomiędzy trzema edycya-
mi Hekatontady Starowolskiego, Wenecka, która
iest druga, iest naydokładnieysza; wydaną ona była przez samego autora, i zawiera w sobie wiele
odmian i popraw lub dodatków nie znayduiących
się w edycyi pierwszey w Frankfurcie 1625 dru-

gowy, który żył od roku 1430 do 1507. wylicza iego dzieła i na ostatku pisze, że widział wiele ksiąg pisma świętego w Moskwie przez Jana Głogowczyka na ięzyk Słowiański przetłumaczonych, a w Krakowie nakładem Hallera drukowanych. Własne iego wyrazy są: „Multos quoque in Moschovia(28) Sacræ scripturæ libros in Sclavonicam ab illo linguam translatos vidimus, impressos vero Cracoviæ sumptibus Johannis Haller civis Cracoviensis, qui etiam proprio Marte exercitia in physicam pro studentium informatione scripsit, omnesque suas facultates in hoc ipsum contulit, ut literæ meliores diversis excusæ linguis et characteribus spargerentur in usum septemtrionalium." *Chro-*

kowaney. W trzeciém zaś wydaniu w Wrocławiu 1733. przedrukowano tylko edycyą pierwszą i napełniano ią błędami drukarskiemi.

[28] Wyraz Starowolskiego *in Moschovia*, zdaie się wzniecać powątpiewanie, czyli go ma znaczyć miasto Moskwę, lub też kray Moskiewski. Lecz czytaiąc daley powieść iego, ustaie ta wątpliwość, mówi on bowiem: Similiter vidimus plurimos libros in Moschovia et in *Russia* passim Doctore Francisco Scoriha Polocenze interprete in sclavonicam linguam translatos et Prägæ excusos, gdzie oczywiście *Moschovia* za kray iest wzięta.

miński w swey rozprawie o literaturze
Polskiey (29) pisze, że Głogowczyk do
ſtolicy Moskwy dla tłumaczenia kſiąg na
Rossyyskie był przyzwany. Idzie tedy o
wybadanie, kiedy Jan Głogowczyk bawił
ſię w Moskwie lub te dzieła tłumaczył,
i kiedy one w Krakowie drukowano (30).
Nam ſię zdaie, iż pobyt Jana w Moſkwie
i owe tłumaczenia Słowiańskie przed rokiem 1490. przypadaią, w tym bowiem

---

29] W dzienniku Wileńskim z roku 1806. mieſiąc Lipiec
na k. 6. lecz nie przytacza ſkąd ma tę wiadomość.

[30] Nie dziw że *Kohl*, który napiſał dzieło pod tytułem t. Introductio in historiam ad rem literariam Sla-
vorum imprimis Sacram, siye historia critica ver-
sionum Slavonicarum maxime insignium Altonaviæ
1729. 8vo niewspomina nawet o tłumaczeniach Jana Głogowczyka, bo piſarz ten lubo w dziele ſwo-
iem wiele okazał pracy, przecięż z poszukiwań iego uczonych widać, iż za mało miał kſiąg na
podorędziu, i Sławiańszczyzny, iak ſam wyznaie
nie rozumiał. Co większa opiſuie nam Biblią Sła-
wiańską Ostrogską z cudzych opiſow, bo ſam iey
wcale niewidział, chociaż dla niego takowa feni-
xem bydź nie powinna była. Biblioteka Liceum
Warszawskiego poſiada to rzadkie dzieło otrzyma-
ne w darze od JO. Xcia Adama. Czartoryskiego,
jenerała Ziem Podolſkich.

roku wezwany był Jan za przewodnika
do młodego Xięcia Gastołda (31), który
należał zapewne do kościoła obrządku
Greckiego. Może tedy nie tylko inne
zalety naszego Jana, ale osobliwie sława
którą sobie zjednał tłumaczeniem na Sławiańskie ksiąg pisma świętego, główną
było pobudką do powierzenia mu tego
młodzieńca, który od 1490 do 1492 pod
iego zoſtawał dozorem.

Po przeczytaniu wyrazów Starowolskiego wątpić niemożna o exyſtencyi ksiąg
Słowiańskich tłumaczenia Jana z Głogowy wydanych u Hallera. Nie znaydu-
iemy wprawdzie prócz tego nigdzie ſani
opisu lub wzmianki przynaymniey o ie-
dnem z tych dzieł, lecz i to ieszcze nie-
bytności ich nie dowodzi. Bo ileż to pism
ważnych przez troskliwe dopiero badania
Józefa Załuskiego i Tadeusza Czackiego, z
łona wieczney niepamięci wydartych zoſta-
ło? Może zatém i do tych szczęśliwy kogo
traf w jakiey Monaſtyrſkiey Bibliotece Pań-
ſtwa Moskiewskiego doprowadzi. A kto
wie, może i ten Ośmiogłośnik przez Szwantopołta drukowany wyszedł nakładem i w
drukarni Hallera? wszak wiadomo, iż w po-

---

(31) Sołtykowicz o Akademii Krakowskiey aż k. 1674

ezątkach drukarſtwa, bardzo częſto Zecero-
wie tylko czyli rzeczywiści Drukarze imie
swoie na wydrukowanem dziele wyraża-
li, a o właścicielu drukarni, lub łożącym
koszta na wydrukowanie i wzmianki nie
czynili. Mamy tego dowód na Kasprze
Hochfeder, który nie miał w Krakowie
swey własney drukarni, lecz tylko sprowa-
dzony przez Hallera z Norymbergi Żece-
rem był w iego officynie (32), a wszelako

___

[32] Zapewne przez iakowąś pomyłkę niedawnemi czasy
nazwano Hallera w iedném pismie uczniem Hoch-
federa. Prędzeyby można z Hoffmanem [o drukarniach Polskich na k. 6.] sądzić, iż Haller ro-
dzic z Norymbergi lub okolic, gdyż Jerzego Stuchs
z Sultzbachu nazywa concixem Norimbergensem
[Janocki rare poln: Bücher IV. 99.] wydoskonalił
się w sztuce drukarskiey u Antoniego Koburgera,
ktory iuż w roku 1472. miał drukarnią w Norym-
berdze. Hoffman wnosi nawet, iż Haller prze-
niosłszy się do Krakowa, pierwsze litery z drukarni lub giserni Koburgera sprowadził, gdyż kształt
ich bardzo iest do siebie podobny. My niemaiąc
tu dosyć pierwotnych druków przed oczyma, po-
rownania tego sprawdzić nie możemy. Obacz wyżey przypisek pod Nro 24. Tego iednak przemil-
czeć tu nie możemy, że w księgach u Hallera drukowanych [iak np. w Statuc Krola Alexandra
1506. wydanym i innych] spostrzegaliśmy w pa-

czasem samo swoie imie, niewyrażaiąc właściciela drukarni, wypisywał. (33.)

Z resztą co się tycze czasu założenia i
bytności drukarni Sławiańskiey w Krakowie, nie zdarzyło się nam dotąd znaleźć
iakowąś o tem wiadomość. Tylko Jan
Bakmeifter (34) pisząc o Bibliotece i ga-
binecie naturalnym Akademii Petersbur-
skiey, mówi nawiasem o dawnych drukarniach Sławiańskich, i pomiędzy dwu-

_____

pierze znak wodny *wołową głowę z krzyżem mię-*
dzy rogami. To piętno zaś, zwyczayne było w
piętnastym wieku na papierach z niemieckich fa-
bryk pochodzących, a między innemi w Nurymber-
dze u *Koburgiera*, iak świadczy *Breitkopf* w dziele: *Vom Ursprung der Spielkarte und des Lei-*
nenpapiers. Leipzig 1784. 4to na karcie 110, gdzie
i kształt tych głow wołowych iest wystawiony.
Stąd wnosić trzeba, iż Haller z Nurymbergi papier
sprowadzał i w związkach z Koburgierem zostawał.

[33] np. w dziele przytoczoném w przypisku pod Nro 24.
W innem zaś druku wyrażono iest: Impressum ad
impensas Domini Johannis Haller arte autem solertis viri Casparis Hochfeder, anno 1504. cfr. Janocki rare pola: Bücher IV. 111.

[34] W dziele pod tytułem: Essai sur la Bibliothèque
et le Cabinet de Curiosités et d'Histoire Naturel-
le de l'Academie des sciences de St. Petersbourg.
Petersb. 1776. 8vo.

dzieſtu dwiema, które wylicza, daie pierwszeńſtwo Krakowſkiey w roku 1491. (35)

III Ponieważ teraz z pewnością iuż
wiemy, że w roku 1491 Sławiańskie książki w Krakowie drukowano (36), bardzo
śmiało wnieść ſtąd należy, że wprzódy,
a zátem przynaymniey w roku 1490. mu-

_____

[35] Niemogąc dostać samego dzieła Jana Bakmeistera,
nie wiemy czyli tam nie czyni oraz wzmianki kto-
rę drukarnią w Krakowie założył. Wiadomość zaś
powyższą wyciągnęliśmy tylko z dzieła Hartwicha
Bakmeistera pod tytułem: Russische Bibliothek,
Petersburg, Riga und Leipzig. 1778. 8vo z Tomu V.
na k. 114. gdzie się znayduią wypisy z dzieła
Jana Backmeistera. Wyczytuiemy tu także na k.
123 uwiadomienie, iż pismo wspomnione Jana
Backmeistera przetłumaczone na ięzyk niemiecki wyszło w Petersburgu 1777. roku, lecz że w tém
tłumaczeniu wiele iest rzeczy skroconych, lub opu-
szczonych z oryginału Francuzkiego, a między innemi wiadomość także o księgach rzadkich.

[36] Procz Ośmiogłośnika przez P. Bantkie opisanego,
wzmianka iest iescze w tey rozprawie, że w
Durychiuszu Bibliotheca Slavica na k. 126, przyto-
czona iest księga Słowiańska Cyrylskiemi literami
w roku 1491. przez tegoż drukarza Szwantopołta
Fieol w Krakowie drukowana pod tytułem: Cza-
sosłowiec (to iest księga godzin Kanonicznych.)

siano iuż tamże drukować, ieżeli nie dzieła Polskie, to Łacińskie zapewne. Gdzież
bowiem wyſtawić sobie można, aby przy
takowém naówczas upowszechnieniu sztuki drukarskiey, w ſtolicy Króleſtwa, a do
tego w ognisku że tak powiem światła i
nauk, wprzód miano drukować księgi w ięzyku obcym, charakterami niezwy-
czaynemi, aniżeli księgi łacińskie iako w
ięzyku pospolitym? (37) Swiadectwo pisarzy o drukarni w Lignicy iuż w roku
1481 czynney (38), niepośledniém ieſt dla
nas także poparciem, że gdy w mieście
Szląskiém drukowano iuż książki, i w Krakowie zapewne ieżeli nie w tym samym
roku, to niezawodnie wkrótce potem drukować musiano. Gdyby dowody były na

---

[37] Breitkopf w dziele : Versuch deu Unsprung der
   Spielkarten des Leinenpapieres, und der Holtzschnei-
   dekunst in Europa zu erforschen II. 77. pisze, iż w
   Polszcze wpierw drukowano księgi Sławiańskie niż
   Łacińskie, i na dowod twierdzenia swego przyta-
   cza Hoffmana dzieło o drukarniach Polskich p. 4.
   gdy w tem zaś mieyscu pisze Hoffman tylko, iż
   procz Statutow prowincyalnych, ktore w piętnastym wieku były zapewne drukowane, i księgi
   także Sławiańskie przekładu Jana z Głogowy, [o
   ktorych wspomina Starowolski] dowodzą, iż w
   piętnastym iuż wieku drukarnie były w Krakowie.
[38] Maittaire Annal. typogr. I. 417. Panzer IV. 342.

to co w Bibliotece Hiſtoryków i Polityków Polskich napisał Załuski, czyli też
przypisnik iego Epifani Minasowicz (39),
iakoby *około roku* 1485. Jan Haller
założył pierwszą drukarnią w Krakowie,
podobno rzecz całą względem pierwszeń-
ſtwa u nas drukarni, za ukończoną poczy-
taćby można. Lubo przekonani ieſteśmy,
że Załuski, czyli też Minasowicz słuszną
miał przyczynę do naznaczenia właśnie
roku 1485, i z innych wyżey wspomnia-
nych okoliczności bardzo ieſt podobna do
prawdy, iż około tego roku rzeczywiście
drukarnia w Krakowie bydź musiała, za
niezawodną iednak prawdę tey daty przyymować niechcemy, dopóki czas nam do-
ſtatecznych i niezbitych na to dowodów
nie okaże.

To wszyſtko co się wyżey powiedziało
zważywszy, czemuż pochlebnie tu sobie
wnioskować nie mamy? Prócz wiadomości nawiasem przez Starowolskiego o księgach Sławiańskich w Krakowie drukowanych rzuconey, nigdzie żadney o tego rodzaiu dziełach wzmianki nawet nie uczy-
niono; tak dalece, że te druki za marze-
nia literackie poczytywać poczęto. W trzy-

---

[39] Na karcie 176.

sta iednak przeszło lat od czasu tych druków szczęśliwém zdarzeniem iedno takowe dzieło znaleziono. Jeżelić tedy Ośmiogłośnik Jana Damascena przez Szwanto-
pełta w Krakowie drukowany, pierwszém
dopiero ieſt dziełem Sławiańskiem druku
Krakowskiego, o którém świat uczony z
rozprawy P. Jerzego Bandkie dokładną o-
trzymał wiadomość, czemuże wnosić stąd
nie mamy, iż przy ścisłem badaniu po
Bibliotekaoh tak publicznych iak prywatnych odkryie się może więcey nie tylko
druków Sławiańskich, ale i innych dzieł
w Krakowie w piętnaſtym wieku, zwłaszcza przez Hallera drukowanych?

Ażeby iednak tym dokładniey nowe
z czasem odkrycia ocenić można, za ſto-
sowną rzecz poczytuiemy, wymienić nam
dotąd znaiome wszelkie ſtarożytne druki,
które, za naypierwsze w Polszcze drukowane księgi uchodzą. Przyiemném może
także będzie miłośnikom Bibliografii
oyczyſtey, wypisanie porządkiem lat,
wszelkich ksiąg w drukarni Hallera,
lub iego nakładem wydanych, ile nam się
widzieć ich przytrafiło, tudzież ileśmy z
dzieł rozmaitych, które nie każdy ma na
podoręczu, wiadomości o nich zasiągnąć
mogli. Same te tytuły dzieł nakładem

iednego tylko drukarza wydanych, wykazuią w części ducha wieku ówczesnego, i do rozmaitych uwag ſtaią się powodem, w których przeciez wyłuszczenie wchodzić tu nie możemy, zoſtawuiąc to czytelnikowi.

I. *Dzieła pierwiastkowe bez wyrażenia mieysca, roku i drukarza wydane, które iednak powszechnie za druki Krakowskie, a niektórzy pisarze nawet za Hallerowskie poczytuią.* (40)

" Constitutiones et statuta vel sintagmata provincialia inchti regni Polonie per serenissimum (*atque invictissimum*) principem et dominum dominum Kazimirum primum Polonie regem magnumque ducem Lithuanie, Russie, Prussieque dominum et heredem etc, edita et promulgata. Cujus profecto multiplex et *varia* atque recondita *et* altissima eruditio, in maximis-

---

(40) We wszyſkich ptawie miastach na pierwotnych drukach bardzo często nie wyrażano ani mieysca, ani roku, ani też drukarza, i dla tego też księgi tego rodzaiu, które oraz inne cechy ſtarożytności łączą, za naydawnieysze poczytuią się druki.

que pacis et belli negotiis exercitatio.
(*Tum vero pro conditione et statu hominum vitia corripientis*) quique terras tumultuantes et res novas molientes ad fidem et obsequium (*Regium sua opera*) redegit atque pacatas et quietas tandem reddidit. 4to — Na końcu te są wyrazy: Finis statutorum regni Polonie emendatissime impressorum. Takowy tytuł znayduie się u Hoffmana (41), Jerzy Bandkie zaś (42) co do podania tego tytułu w tém się różni, iż wyrazy tutay w nawiasie umieszczone, u niego się nie znayduią, i zamiaſt *varia* ma *sacra*, a na mieyscu *et* kładzie *ost*. Na końcu dodaie, że nie ma liter początkowych, i ſtrony nie są oznaczone, liczba zaś kart 56. wynosi. Hoffman mniema, iż te Statuta (powszechnie *liber terrestris* nazywane) przed rokiem 1496 drukowane, Bandkie zaś zdaie się mieć słuszne powody do naznaczenia ro-

[41] W dziele de Typogr. na k. 4. z dodatkiem, iż wyrazy na końcu umieszczone: finis statutorum i t. d. nie znaydowały się w drugim exemplarzu, który miał przed oczyma.

[42] W rozprawie de incunabulis Cracov. p. 2. gdzie wyraźnie mowi: *Integer titulus*, więc wcale nie ieſt skręcony.

ka

ku 1491 za rok druku. Czacki wyraźnie dwie Statutów edycye drukowane przed Statutem Łaskiego nazywa (43), lecz róż- nicy ich nie wyłuszcza. Sądzić wypada, iż Hoffman i Bandkie rozmaite przed o- czyma mieli edycye. Trudność znalezie- nia iedney przynaymniey z tyeh dwóch edycyy Statutów, tym większe w każdym miłośniku dzieiów Narodowych budzi ży- czenie, aby ktoś korzyſtaiąc z zamożney w wszelkie skarby do literatury Polskiey Biblioteki JW. Tadeusza Czackiego w Po- rycku na Wołyniu (44), gdzie się obie te edycye znayduią, za iednym razem oba te wydania opisawszy, ciekawość Czytel- ników zaspokoił.

Joannis Sacrani de Oświecim eluci- darium errorum Ritus ruthenici, traçtatus

---

[43] W dziele o Prawach Pol: i Lit: I. 30.

[44] Któ chpe choć ogolne o Bibliotéce téy, a bardziey iescze o rozległych iey właściciela wiadomościach, otrzymáć wyobrażenie, niech tylko się rozpatrzy w owym skarbcu erudycyi, nie tylko co do spraw Oyczystych, ale i dzieiow postronnych, w dziele o Litewskich i Polskich Prawach, a pewni iesześ- śmy, iż oczekiwanie choćby náydaléy posunięte, zamieni się w zadziwienie.

3

tres. Niektórych zdanie ieſt, iż pismo to
około 1500. r. drukowano (45).

M. Tullii Ciceronis Cato major sive de
senectute ad Ti: Pomponium Atticum.

M. Tullji Ciceronis Scipionis somnium
ex libro sexto de rep. excerptum.

M. Tulii Ciceronis Paradoxa in, 4to 4$\frac{1}{2}$.
arkusza. Na tytule herb Polski, Litew-
ski i miaſta Krakowa, lecz żadnego nie
masz śladu drukarza (46).

C. Plinii Secundi Junioris liber illustrium virorum. 4to 4 arkusze, z podobnemi
herbami iak dzieło poprzedzaiące i takie-
miż literami drukowane (47).

Modus epistolandi eximii medicine doctoris et legum licentiati *Johannis Ursini*
Cracoviensis cum epistolis exemplaribus
et orationibus annexis, 4to, bez naymniey-
szey oznaki mieysca, drukarza i czasu (48)

Libanii greci declamatoris disertissimi
beati Joannis Crysostomi preceptoris epistole, cum adjectis Johannis Sommerfelt
(Esticampianus) argumentis, et emendatione

[45] Janociana II, 235. Sołtykowicz Akad: Krak: 129 k.
[46] Janocki Nachrichten IV. 105, ktory powiada, że
     Paradoxow nie ma, lubo są na tytule wyrażone.
[47] Janocki Nachrichten IV, 106.
[48] Janocki Nachrichten II, 85. Goetze Merkwürdigkei-
     ten der Bibliotek zu Dresden II. 1. Nro 5.

et castigatione clarissima, 4to 154 k. (49).

Somerfeld Professor Krakowski w dedykacyi do Drzewickiego na ów czas Pod-
Kanclerzego, pisze, iż rękopism tego ła-
cińskiego tłumaczenia, dostał od Jana *Kli-
mes* księgarza Krakowskiego, na którego
koszta dodawszy swe przypiski dzieło całe do druku podał. Z dedykacyi w roku 1504. datowanéy, wnosić trzeba, iż
to pismo w tymże roku lub nieco późniey, drukowało (50).

*II. Dzieła, na których wymieniony rok
i Kraków, iako mieysce druku, lecz
wzmianki i dowodu niemasz, u którego drukarza.*

MCCCCLXXIV.

*Joannis de Turrecremata explana-
tio psalmorum impressa in Cracis* 1474.
4to. Exemplarz tego rzadkiego dzieła,
znayduie się w Puławach w Bibliotece
JO. Xcia Adama Czartoryskiego, iak mię
zapewnił W. Jan Kruszyński, Sekretarz
jeneralny w Minifterium skarbowém. Mi-

---

[49] Janocki Nachrichten II. 81. — Hoffman de typogr.
   p. 8.
[50] Panzer annal. VI, 449.

chał *Denis* mniema (51), iż wyraz *in Cra-*
cis znaczy w Krakowie. Pochlebném byłoby dla nas wynalezienie tak ſtarożytnych
druków, nie śmiemy iednak przyymować
tego za prawdę hiſtoryczną, lubo podo-
bieńſtwo imienia za nami zdaie się
mówić (52).

M.CCCCXCIII.

Michaelis de Vratiſlavia Judicium
eum trium Eclipsium prognostico 1493.
Cracoviæ (53).

---

[51] W dziele Einleitung in die Bücherkunde 1796. 4 to
II, 123. iak świadczy Czacki o Prawach Polskich
I. w przypisku Nro 151.

[52] Procz rozmaitych nazwⁱsk Krakowa po Łacinie, znayduię także i *Croca* w wierszach umieszczonych
przy końcu Seymu zwierząt (Theriobulia *Lubra-*
vii wydanego przez Jana Antonina w Krakowie 1521
u Floriana Unglera 4to, gdzie między innemi tak pisze: *Hic tibi claram pererrat Istula Crocam.*

[53] Sołtykowicz o Akad: Krak: na k. 240. przytaczaiąc to
dzieło, pisze: to okazuie, że drukarnia Hallera iuż
około końca XV. wieku w Krakowie się znaydowała. Z tych przeto wyrazów wnoszę, iż Krakow
iako mieysce druku na tém dziele musi bydź wyrażone.

M.CCCCXCVI.

Laurentii Corvini Novoforensis (Nowodworski,) structura carminum, augustis-
simi gymnasii Cracoviensis studentibus
dicata 1496. 4to Cracoviæ (54).

M. D.

Missale Vratislaviense, in fol: maj: Cracovie 1500 (55).
Ciceronis ad Herennium Rhetoricorum
libri IV. cum Raphaelis Regii præfatione,
et ejusdem Oratio pro Q: Ligario (56).

M. D. IV.

Modus Epistolandi fratris Guilhelmi za-
phonensis de ordine minorum. Na osta-

---

[54] Janociana I, 44. k. Stąd Panzer Annal: typogr:
IX, 230.

[55] *Scheibels* Geschichte der Breslauer Buchdruckerei.
Breslau 1804. 4to. pag: 6.

[56] Pierwszą wiadomość o tém dziele podał *Fabrycyusz* in
Supplem: Biblioth: Latin: p. 108. Marchand zaś w dziele Histoire de l'Imprimerie à la Haye 1740. na
k. 93. mniema, iż pisma te Cycerona drukowane
zapewne w Officynie Hallera. cfr. Hoffman de typographiis in Polonia p. 8.

tniey karcie: impressum Cracoviæ anno M.D.IIII. 4to 13. kart: (57).

Opusculum de arte Memorativa longe utilissimum, in quo studiosus lector tam artificialibus preceptis quam naturalibus medicinalibusque documentis memoriam suam adeo fovere discet, ut quecunque vel audita vel lecta illi commendaverit, tanquam in cella penaria diutissime conservaturus sit. Impressum Cracovie. M.D.IIII. 4to, 20 kárt. Autorem pisma tego ma bydź Jan z Dobczyc Bernardyn (58).

III. Dzieła z wymienieniem Krakowa, iako mieysca druku i nazwiska Hallera, bez wyrażenia roku na świat wydane.

Modus Epistolandi, Magiſtri *Johannis Estioampiani* alias Sumerfelt, viginti genera Epistolarum complectens. *Nad tytułem znak drukarski Hallera. Na oſtatniey karcie naſtępuiące są wyrazy:* Impressum Cracovie in edibus famati viri Domini Joannis Haller civis Cracoviensis.

---

[57] Janocki Nachrichten II, 141.

[58] Janocki Nachrichten II, 83. Janociana II, 79. Panzer Annal. VI, 449.

Anno redemptionis, *lecz rok nie iest wy-*
rażony. 4to 4½ arkusza. (59).

Judicium prognosticum autore *Nicolao*
Tolyschow. Cracovie in offic: Joh· Haller. 4to (60).

Missale dioecesis Cracoviensis. Jllustris-
simi principis Friderici in septem soliis
RomeCardinalis presbiteri. Gnsnen: Archi-
presulis et primatis atque episcopi Cracoviensis in edibus domini Joh; Haller civis
Cracovien: per Georgi: Stuchs ex Sulzbach
concivem Nurmbergensem impressum. *Na*
pierszéy karcie tego Mszału tenże ty-
tuł obszerniéy wyłuszczony : Elimatum
hoc Missale secundum rubricam Cracoviensem etc. 4to max: 336 k. (61).

Epitoma figurarum in libros phisicorum et de anima Aristotelis. In gymnasio
Cracoviensi elaboratum. *Przy tym tytu-*
le rozmaite są ozdóbki drukarskie, a
we śrzodku cyfra Hallerowska. Na koń-
cu następuiące są wyrazy : Epitoma in
libros phisicorum et de Anima Aristotelis per Magistrum Michaëlem de Vratislavia sacrarum literarum professorem &c.
Opera vero et impensis spectabilis viri Jo-

[59] Janocki Nachrichten IV, 169.
[60] Panzer An: Typ: VI, 481.
[61] Janocki Nachrichten IV, 99. Janociana II, 97.

annis Haller civis et consulis Cracoviensis
literis ac formis excusum (62).

Comedia Poliscene per Leonhardum
Arentinum congesta, 4to 3 arkusze. *Pod
tytułem herb Polski, Litewski i miaſta
Krakowa, tudzież cyfra Hallerowska w
tym kształcie, iak się znayduie wybita
na tytule ninieyszego pisma. (63).*

Exercitium super omnes tractatus parvorum logicalium Petri Hispani per Magistrum Joannem Glogovium. Lipsie apud
Wolfgangum impensis Joh: Haller (64).

*IV. Dzieła z wyrażeniem Krakowa, roku
i Imienia Hallera, lub też przynaymniey cyfrą iego, w kształcie
na tytule ninieyszego pisma wydanym, naznaczone.*

M.CCCCXCIX.

*Exercitium nove Logice seu Libro-
rum Priorum et Elenchorum Magistri*

---

[62] Janocki Nachrichten IV, 126.
[63] Janocki Nachrichten IV, 105.
[64] Sołtykowicz o Akad: Krak: 168. Jest to iedno z
dzieł nakładem Hallera za granicą drukowanych,
o ktorych procz pomienionego mało co wiemy.

*Joannis de Glogovia pro junioribus re-
collectum.* Tytuł ten ozdobiony ieſt her-
bem Polskim, Litewskim, iako też miaſta Krakowa i cyfrą Hallerowską. Na końcu zaś są naſtępuiące wyrazy: *Adest finis feliciter Anno Domini* 1499 *In studio Florentissimo Universitatis Cracoviensis etc. in* 4to 235. *kart:* (65).

M. D. II.

Laurentii Corvini Novoforensis (Nowodworski) *Hortulus Elegantiarum,
Academie Cracoviensis Studentibus con-
secratum.* Na końcu: *Carmine Saphico
describitur Polonia, et ejus Metropolis
Cracovia.* Cracovie Anno 1502. in 4to,
z cyfrą Hallerowską (66).

M. D. III.

*Epostola Caij Plinii secundi majo-
ris ad Titum Vespasianum Imperato-
rem. Impressum Cracovie, in* 4to $1\frac{1}{4}$.
arkusza. Na oſtatniey karcie naſtępuiące są wyrazy: *Chalchographatum hac*

---

[65] Janocki Nachrichten IV, 139.
[66] Janociana, I, 44.

primiciali pressura Cracovie : per Casparum Hocfeder. Anno Domini M. D. III. (67).

Compendium Metaphysice intitulatum Autor Causarum. Cracovie per Casparum Hochfeder 1503. 8vo (68)

Boetii liber de hebdomadibus. Cracovie 1503. 8vo (69).

In minorem magistri Donati de octo partibus orationis librum majori volumini Prisciani correspondentem argumentum incipit feliciter. Przy końcu tego argumentu, te się znayduią wyrazy: Ego magister Johannes Glogoviensis alme florentissimeque universitatis studii Cracoviensis majoris collegii artistarum Collegiatus pro laude Dei gloria famaque universitatis nostre in communem novitiorum studentum profectum Questiones compendiosas in libellum magistri Donati de octo partibus orationis recolligere institui: ut sic juniorum ingenia artis grammatice principiis valeant edoceri. Impressum est autem hoc opus. Anno 1503. cur-

[67] Janocki Nachrichten IV, 106.
[68] Panzer Annal: typograph: VI, 447.
[69] Panzer ibid.

rente. Ad impensam humanissimi op-
timique viri domini, Johannis Haller,
Civis Cracoviensis doctorum virorum
fautoris excellentissimi etc. 4to (70).

M. D. IV.

Joannis Glogoviensis. Exercitium super
omnes tractatus parvorum logicalium Magistri Petri Hispani. Cracovie impressum
finitumque in domo Joh: Haller. Arte
Casparis Hochfeder. 1504. anno. 4to (71).

Exercitium secunde, Partis Ale-
xandri magistri Johannis de Glo-
govia. Po tytule nastepuie: *Syntaxis*
commendatio, a potem nastepuiace wyrazy: *Impressum est hoc opus ad impen-*
sas optimi humanissimique viri domi-
ni Johanis Haller, Civis. Cracoviensis
virorum doctorum fautoris excellenti-
simi, arte autem solertis viri Casparis
Hochfeder. Anno 1504. etc. 4to (72).

Exercitium veteris artis: sive Libri Jsa-
gogici Porphirii, in Categorias Aristotelis,

---

[70] Janocki Nachrichten IV, 109.

[71] Janocki Nachrichten IV, 116.

[72] Janocki Nachrichten IV, 110. — Panzer Annal: typogr.
VI, 448.

per M. Joannem Glogovium resolutio. Cracoviæ 1504. impensis Joh: Haller. (73).

Exercitium veteris artis: super predicabilia Porphirii: Kathegorias et periarmenias Ariſtotelis: sex principia Gilberti Poritani: Ego magiſter Johannes Glogoviensis majoris Collegii artiſtarum Collegiatus pro laude Dei gloria famaque universitatis noſtre in communemque adolescentum profectum per queſtiones in leviorem modum inſtitui: Impressum est hoc opus ad impensas providi humanissimique viri Domini Johannis Haller, Civis Cracoviensis virorum doctorum fautoris excellentissimi. Anno Chriſti Salvatoris Jesu 1504 currente. In 4to (74).

Textus summularum Petri Hispani in tractatus et capita diſtinctus: cumque singulorum tractatuum summariis cuilibet ſtudioso multum profuturis. Amen. *Przy końcu ksiąžki te znayduią się słowa:* Finit tractatus Petri Hispani in tractatus et capita solerter distinctus. Impressum Cracovie 1504. In 4to 95. k. (75)

[73] Sołtykowicz 168 karta.
[74] Janocki Nachrichten IV, 116.
[75] Janocki Nachrichten IV, 140.

Dionisii Thessalonicensis de situ orbis:
vel cosmographia: liber: quo trium parti-
um mundi variæ regiones, populi, maria,
sinus, insule, flumina et montes hexame-
tris versibus luculenter et nominatim de-
scribuntur: a Prisciano in latinum e greco traductus. *Przy końcu te są słowa;*
Cracovie impressum (Char: Casp: Hoch-
federi) Chriſtiane salutis anno supra millesimum quingentesimum quarto. In 4to
kart: 28. (76.)

Joannis (Glogoviensis) Queſtiones in Libros Anlayticorum priorum et elenchorum
Ariſtotelis. Cum resolutione textus clarissima ad intentionem doctoris Scoti,
Apud inclitam Polonie Cracoviam impressum in edibus famati viri Domini Joh:
Haller Civis Cracovien: per Casparem
Hochfeder. anno partus virginei 1504 in
4to (77).

M. D. V.

Antiquissimi Grecorum poetarum Hesiodi Georgicorum liber per Nicolaum de
Valle e græco in latinum conversus.

---

[76] Janocki Nachrichten IV, 141. Panzer L. c. 449,
tudzież Autorowie tamże przytoczeni.
1771 Janociana I, 253.

Pod spodem te są wyrazy: Impressum
Cracovie. *Na samym zaś końcu:* Liber
Georgicorum Hesiodi, a Nicolao de Valle
translatus finit. Impressus Cracovie per Ca-
sparem Hochfeder. Anno domini 1505.
In 4to 6 arkuszy. (78).

Missale Vratislaviense. *Zamiast tytułu
na pierwszey karcie, następuiący iest napis:* Johannes Turzo Decanus et Coadjutor
Electus ac Confirmatus Vratislavien. Sacer-
dotibus et clericis ejusdem diocesis salutem.
Si quis forte invidorum malignitate calu-
mniari velit: hunc missalium librum: velut
librariorum vitio mendosum et deprava-
tum: hortamur et monemus omnes ac
singulos Vratislavien. diocesis clericos et
sacerdotes ne deterreant aut se retrahant
ab emptione eorundem. Adhibitis enim
pluribus atque diversis exemplaribus: ritus et ordo Vratislavien. ecclesie adamus-
sim servatus et castigatus itaque et absque
omni reprehensione liber his typis Cra-
coviensibus excusus: diligentissimorum
Bibliopolarum cura et elucubratione exi-
vit. In communem cleri et Vratislavien:
dioces: devotionem ac utilitatem. Anno
M.CCCC.V. *Na końcu następuiące wy-*

---

[78] Janocki Nachrichten IV, 123. Panzer l. c. 410.

razy: Impressum Cracovie de consensu et voluntate tum reverendissimi domini Episcopi, tum venerabilis Capituli prefate ecclesie. Impensis autem Johannis Haller et Sebastiani Hyber ejusdem civitatis cives admodum bene meritos. Anno incarnationis Dominice Millesimo quingentesimo quinto. fol. max. kart. 309. (79).

(Johannis Glogoviensis) Questiones in Libros Analyticorum Posteriorum et topicorum Aristotelis. Cum resolutione textus clarissima ad intentionem doctoris Scoti. Impressum Cracovie in edibus providi circumspectique viri domini Joh: Haller civis Cracovien: anno salutis Christiane 1505. 4to (80).

M. D. VI.

Commune incliti Polonie regni privilegium constitutionum et indultuum publicitus decretorum aprobatorumque. Cum nonnullis juribus tam divinis quam humanis per Serenissimum principem et dominum Dominum Alexandrum Dei gratia Regem Polonie, magnum Ducem Li-

---

[79] Janocki Nachrichten IV, 142.
[80] Janociana I, 253.

thuanie, Russie, Prussieque dominum et
heredem etc. Non tamen in illud ipsum
privilegium, sed motu proprio serenitatis
sue per adhortationem per insructionem
Regnicolarum. proque regni ejusdem ac
justitie statu feliciter dirigendis eidem pri-
vilegio annexis et ascriptis. Majestate
accuratissime castigatis. Impressum Cracovie in edibus Joh: Haller fol: 1506. 27.
Januarii (31).

Prócz przedmowy, Summaryuszu i Re-
iestrów zawiera to dzieło liczbowanych kart
263 i 68. — W zbiorze tym Statutów Kró-
la Aléxandra przez Jana Łaskiego wydanym, znayduią się prócz praw i ustaw da-
wnieyszych lub przywileiow, traktaty z
Krzyżakami i inne rzeczy, tudzież Prawo
Magdeburskie, Prawo lenne i Kommen-
tarz Raymunda Neapolitańczyka. Statut
ten nader iest ważny, nie tylko dla swéy
starożytności, lecz bardziey dla tego, iż
prócz Statutu Litewskiego, iedynym iest
zbiorem Praw Polskich, który przez potwierdzenie Królewskie, moc prawną o-

---

(31) Janocki Nachrichten I, 32. — Czacki o Prawach Polskich i Litewskich I, 31. — Braun judicium de Scripr.
Pol: Coloniæ [Gedani] 1735. 4to p. 2.

trzymał.—Lubo w żadnym z Pisarzow mó-
wiących o Bibliografii naszéy, lub Prawach kraiowych, wzmianki naymnieyszéy
nie masz, ażeby zbior ten był przedruko-
wany; kilka iednak dzieła tego exemplarzy maiąc przed oczyma, przekonywamy
się, iż dwie są onego edycye, chociaż
z wyrażeniem tegoż roku, a nawet i dnia
z drukarni na świat wydane, co do rzeczy
toż samo zawieraiące, a nawet w druku
tak co do samych liter, iako i onych zło-
żenia, tak do siebie podobne, iż po wię-
kszey części karta z kartą, a nawet wiersz
z wierszem się zgadza. Mówiemy *po więk-
szey części*, ponieważ niektóre karty co
dó liczby słów w wierszu zawartych, lub
co do abrewiacyi niektórych wyrazów, lub
też odmiany liter wielkich, lub małych,
albo też imion liczbowych Rzymskich, w
iedném wydaniu Łacińskiemi, w drugiém
Gockiemi literami wybitych, nie zgadzaią
się z sobą, iak się przekonałem z poró-
wnania kart *in Summa Raymundi* fol: 31.
49. 56. 58. i t. d. Biiącą zaś w oczy róż-
nicę tych dwóch wydań, spostrzegłem na
karcie ostatniey przy samym końcu. W je-
dnym z tych exemplarzów, który iest drukowany na pargaminie, i należy do W.
Bandtkie, Professora Prawa i Notaryusza
Xięstwa, takowy iest końcowy napis:

„Finis. Explicit dextro sidere: Commune incliti Regni Polonie privilegium: omni studio ac diligentia Cracovie in edibus Johannis Haller ad commissionem Reverendi Patris Domini Johannis de Lasko: ejusdem Regni Cancellarii impressum. Anno Domini M. GCCCC. VI. vicesima septima Januarii. Deo gratias." — Potém prawie dwie trzecie części ſtrony téy, zoſtaią białe. W exemplarzach zaś drugiego wydania, (iakie się znayduią w Warszawie w Bibliotece JXX. Piiarów i S. Krzyża, te są wyrazy na końcu: „Finis. Explicit dextro sidere: Commune incliti Regni Polonie privilegium: omni studio ac diligentia Cracovie in edibus Johannis Haller ad commissionem Reverendi Patris Domini Johannis de Lasko: ejusdem Regni Cancellarium impressum. Quem quidem librum et alios quoscunque per prefatum Haller. ea lege impresos quisque nosse debet: ut nemo illos alibi gentium exaratos: Regno introducat Eosque venales habeat gravi sub pena: ac eorundem librorum amissione vigore privilegii ipsi Haller per sacram Domini Regis Polonie Maiestatem desuper gratiose ex Consilio sue Serenitatis Consiliariorum concessi: Prout hoc idem privilegium la-

tius continet." — Pod temi wyrazami wybita ieſt ryciną ozdobek drukarskich, w
iéy śrzodku cyfra Hallerowska, (którey wi-
zerunek na tytule umieściliśmy), a po obu
ſtronaeh téy cyfry, naſtępuiące znayduią
się wyrazy: Anno Domini M.CCCCC.VI.
XXVII. Januarii. — Tym sposobem cała
oſtatnia ſtrona téy edycyi aż do końca ieſt
wypełniona. Sądziemy, iż exemplarze z
krótszym na oſtatniéy karcie napisem, są
pierwszey oryginalney edycyi, rzeczywiście w roku 1506, dnia 27 Stycznia z druku wydaney; exemplarze zaś z dłuższym
na oſtatniéy karcie napisem, są drukowane możé w roku 1508, albo też późniey
nieco, z wyrażeniem iednak roku 1506 i
27 Stycznia, lecz nie przy wyrazie *impres-*
sum, iak się wyżey pokazało. Na dowód
zdania tego względem dwóch edycyi, słu-
ży Statut Zygmuntowski z Seymu Korona-
cyynego r. 1507 *feria tertia proxima post*
dominicam Reminiscere datowany, a tu-
tay po Summaryuszu i regeſtrze Łaskiego, na
czterech kartach wydrukowany. Ta oko-
liczność była zapeωne Janockiemu powodem (82) do napisania, iż Statut Łaskiego za życia Alexandra zaczęto drukować,

---

(82) Nachricht von raren Büchern I, 16.

4*

a po śmierci dopiero iego za rządów Zy~
gmunta I. ńkończono; gdyż w exemplarzu
na pargaminie drukowanym, który Janocki opisywał, znaydowały się ustawy Zy~
gmunta z 1507 roku. Lecz wídać, iż Ja~
nocki dat z sobą nieporównawszy, przez
nieuwagę owo ńapisał zdanie. —

Rzecz cała względem tych obu wydań
tak się ma zapewne. Gdy wkrótce po
wydrukowaniu Statutu Łaskiego, Król Ale-
xander zszedł z tego świata (co naftąpiło
w 6. miesięcy potém t.i. dnia 19. Sierpnia
1506.) i Zygmunt obiął rządy, prosiły Sta-
ny o potwierdzenie zbioru owego. Stało
się to roku 1507. na Seymie Koronacyy-
nym z niektóremi ieszcze dodatkami. Właśnie też może iuż naówczas exemplarzy
pierwszey nie bardzo wielkiéy edycyi (83)
mały się znaydował zapas, przedrukowano

[83] Ze edycya ta pierwsza daleko iest rzadsza przeko-
    nywam się i stąd, iż prócz exemplarza na parga-
    minie, który mam przed sobą, widziałem tylko
    ieden ieszcze exemplarz na pargaminie także, w Bi-
    bliotece ś. p. Joachima *Chreptowicza* Kanclerza,
    przez JP. *Kłopotowskiego* bibliotekarza łaskawie
    mi pozwolony. Gdy tym czasem exemplarze dru-
    giego wydania, lubo równie do dzieł rzadkich na-
    leżą, zwłaszcza gdy są kompletne, znayduią się w

ią tedy zachowuiąc ścisłą zgodność kart,
a nawet i wierszy z pierwszem wydaniém i
wybiiaiąc w tyle rok i dzień pierwszéy edycyi. Ze zaś pierwsza edycya nadspodziewanię
zapewne księgarza prędko się wyprzeda-
ła, obawiaiąc się on przeto niegodziwe-
go przemysłu innego drukarza, umieścił
na oſtątniéy karcie treść przywileiu swego na to dzieło otrzymanego, aby wido-
cznieyszą tamę niegodziwości położył.
Prócz tego zaś umieścił na przodzie Statuta Zygmuntowskie Seymu Koronacyyne-
go, których w pierwszéy edycyi niemasz,
o czém przekonywa całkowity i dobrze
zachowany exemplarz Biblioteki Chreptowiczow (84).

Introductorium compendiosum in tractatum sphere materialis Magistri *Joannis
de Sacrobusto* quem abbreviavit ex Alma-
geſto sapientis *Ptolomei Claudii* philo-
sophi Alexandrini ex Pelusio progeniti:
per Magitrum *Johannem Glogoviensem*

Warszawie w Bibliotece JXX. Piiarow, S. Krzyża,
w Liceum i prócz tego u wielu osob prywatnych,
'ile mnie samemu wiadomo.

[84] Na tymże exemplarzu, znayduię napis własnoręczny
Tadeusza Czackiego, iż to iest ieden z dziesięciu
exemplarzow drukowanych na pargaminie.

feliciter recollectum. Impressum Cracovie in Domo Joannis Haller. Anno Domini M. D. VI. (85).

Tractatus Petri de Eliaco Episcopi Cameracentis super libros Metheororum Aristotelis. Impressus Cracovie. In Domo Joannis Haller. Anno Domini 1506. In octava sancti Floriani. In 4to 21 kart. (86).

Laurentii Corvini Novoforensis (Nowodworski) Epicedium, in Serenissimum ac Gloriossimum Principem Alexandrum, Polonie Regem, Magnum Ducem Lithuanie: Vilne Lituanorum Metropoli, die XIX. mensis Augusti demortuum, et ibidem XI. Octobris sepultum: Elegiaco Carmine. Impressum Cracovie per Dominum Joannem Haller. Anno a partu Virginis Millesimo quingentesimo sexto, in 4to (87).

Introductorium compendiosum in tractatum Spheræ materialis Mag. *Johannis de Sacrobusto* per Mag: Johannem Glogoviensem etc. Impressum Cracovie 1506. 4to. *Lubo drukarz niewymieniony, zda-ie się iedak że u Hallera* (88).

[85] Janocki Nachrichten IV, 120.
[86] Janocki Nachrichten IV, 152.
(87) Janociana I, 45.
[88] Ex Catalogo Uffenbach. Panzer l. c. VI. 451.

Introductorium Astronomie Cracoviense elucidans Almanach. — Editum Cracovie per Mag. Michaelem Vratislavien,
sem 1506, 4to (89).

M. D. VII.

Computi Chirometralis opus resolutum
et emendatum per Magiſtrum Joannem
Glogoviensem, Impressum Cracovie impensis Halleri, 1507, 4to (90).

Expoſitio Magiſtri Nicolai de Gijełczeph
in passiones terminorum Marsilii. *Pod*
tytułem znayduią się herby Króleſtwa
Polskiego, Xięſtwa Litewskiego i mia-
sta Krakowa, iakie na innych drukach
Hallera widzieć się daią; przy końcu
zaś te są wyrazy: Impressum Cracovie.
Anno Domini Millesimo quingentesimo
septimo. In 4to 85, kart (91).

Tractatus de natura jurium et bonorum regis. Et de reformatione regni ac
ejus reipubl: regimine. *Pod tym tytu-*
łem znayduie się cyfra Hallerowska: a
przy końcu książki te słowa: Da natura
Jurium et bonorum Regis. et de refor-

___

[89] Panzer ibid.
[90] Janocki Nachrichten IV, 115. — Sołtykowicz 168,
[91] Janocki Nachrichten IV, 152.

matione regni etc. Finit tractatus quem in lucem edidit Stanislaus Zaborowski R. Połonie thesauri Notarius. *Po regestrze te następuią wyrazy:* Impresum Cracovie. Anno Domini 1507. In 4to 50 kart (92)

M. Tullii Ciceronis, Officiorum Libri tres. *Na końcu następuiący znayduie się napis:* Eloquentissimi Romane lingue Ciceronis Consulis Romulidi imperii patris patrie officiorum opus (haud mancum artis formularie Domini Johannis Haller impensis Cracovie Anno ab incarnati verbi humane salutis M. CCCCC. VII. XII. Calen. Aprilis) impressum.

Na pierwszey karcie, którey w moim exemplarzu brakuie, znaydowała się zapewne dedykacya niewiadomego mi wydawcy. 4to 64 kart, które nie są liczbowane.

M. Tullii Ciceronis oratio pro Cn. Pompejo, magno in duobus cause generibus constituta deliberativo scilicet et demonstrativo etc. *Pod tytułem ryciny drukarni Hallerowskiey, a na końcu te tylko wyrazy:* Laus Deo 1507. 4to 3. arkusze. (93).

---

[92] Janocki Nachrichten IV, 153. Janociana I, 306.
[93] Janocki Nachrichten IV, 153.

Venerabilis patris *Thome Murner* Ale-
mani e civitate Argentin. alme universitatis Cracovien sacre theologie bacalarii.
Chartiludium logices. seu logica poetica vel memoritiva cum jocundo pictas-
matis (imaginatio?) exercitamento pro
communi omnium studentum utilitate impressum Cracovie impensis optimi famatis-
simique viri Domini Johannis Haller civis
Cracoviensis anno verbi incarnationis 1507
decimo tertio ante Kalendas Martii (94).

Parvulus philosophie naturalis, cum expositione textuali et dubiorum resolutione ad intentionem Scoti. Impressum Cracovie impensis Joh: Haller. 1507. 4to (95).

(*Johannis Glogoviensis*) Questiones
veteris ac nove logice, cum resolutione
textus Aristotelis clarissima ad intentionem
doctoris Scoti. Impressum Regia in civitate Cracovien: impensis providi viri Domini Johannis Haller. Salutis nostre anno
septimo supra Millesimum quingentesimum
in vigilia Mathie Apostoli, 4to (96).

*Laurentii Corvini Hortulus elegan-
tiarum*, Academie Cracoviensis studen-

tibus consecratus. — Impressum Cracovie 1507 anno, 4to (97).

Michaelis Vratislaviensis Introducto-rium Astronomie Cracoviense elucidans Almanach impressum Cracovie 1507 4to (98). — *Hanke mówiąc o życiu i pismach Michała Wrocławianina* (99), *przyta-cza pod tymże rokiem pismo iego pod tytułem: Introductorium Astronomicum de Signorum naturis et stellarum pro-prietatibus*, przypisane Janowi Turzo, Biskupowi Wrocławskiemu, wydane w Krakowie 1507. 4to. Lecz wahamy się poczytywać to dzieło za różne od poprze-dzaiącego, gdyż *Hanke* z pamięci tylko (iak się z dalszey powieści iego okazuie) tytuł przytaczaiąc, mógł go nieco od-mienić.

(*Joanis Sacrani* de Oswiecim) Modus Epistolandi una cum epistolis exemplari-bus, in officina Halleriana. 1507. 4to (100).

_____

[97] Panzer A. T. VI, 452.
[98] Panzer ib.
[99] Hanke de Silesiis eruditis Lipsiæ 1707. 4to pag: 209.
[100] Janociana II, 236.

M. D. VIII.

Questiones veteris logice, *Joannis de de Stobnicza* artium Magistri. Cracovie apud Joannem Haller 1508 4to (101).

Excellentissimi *Mathie de Miechov*, artium et medicine doctoris contra sevam pestem regimen accuratissimum. Cracovie 1508. apud Joh: Haller (102).

Joannis de Comorovo introductio in doctrinam doctoris subtilissimi. Modos distinctionum et identitatum: aliosque terminos obscuriores ejusdem doctrine declarans. antiquiorum Scotisantium dicta salvans, rationibus quorundam Recentiorum quibus impugnantur solutis. Cracovie ex officina Joh: Haller. 1508 4to (103).

M. D. IX.

Theophilacti Scolastici Simocati, epistole morales, Rurales, et amatorie interpretatione latina. Cracovie in Domo

[101] Janocki Nachrichte IV, 122.
[102] Soltykowicz o Akad: Krak: 242.
[103] Janociana I, 152.

Joh: Haller 1509. 4to. (editor Laurentius Corvinus Novoforensis (104).

Michaelis de Vratislavia introductorium dyalectice, quod congestum logicum appellatur. Cracovie apud Joh. Haller 1509. 4to (105).

Ordinarius sive Rubricella ad veram notulam alme agrien. Eclesie. Cracovie impensis Joh: Haller 1509. 4to 182. kart. (106)

M. D. X.

Eutropii viri clarissimi de gestis Romanorum libri decem Cracovie in | Domo Joh: Haller 1510. 4to. (*wydawcą jest Michał Coccynius rodem z Tybingi*) (107).

Jacobi Fabri Stapulensis introductiones in libros Phisicorum et de anima Aristotelis cum *Jodoci Neoportuensis* annotationibus declarantibus candide dicta singula obscuriora ipsius introductionis. Cracovie impensis Joh: Haller. 1510. 4to, 20. kart. (108).

[104] Janociana I, 45. — Janocki Nachrichten II, 85.
[105] Janocki Nachrichten IV, 135.
[106] tenże IV, 154. VI
[107] Janociana I, 43.
[108] Janocki Nachrichten IV, 154. — Janociana I, 251.

M. D. XI.

Questiones in libros priorum et elenchorum Aristotelis per Magiſtrnm *Johannem de Glogovia* in studio Cracoviensi collectc impensisque Dni Haller noviter recognite ac impresse. 1511 4to (109).

Computi Chirometralis opus resolutum emendatum et castigatum per Magisrum *Johan: Glogoviensem* denno revisum et impreſsum expensis Domini Joh: Haller Anno 1511. 4to (110).

Leonhardi Aretini in Moralem disciplinam introductio. familiari *Johannis de Stobnicza* Commentario explanata. Impressa Cracovie in domo Joh: Haller. Anno 1511. et finita XI. Februarii. Na samym końcu te są wyrazy: *Tobye Mily Boze Chwala*, 4to, (111). Toż dzieło w tymże samym roku 1511 przedrukował Haller pod takimże tytułem; z pod prasy żaś wydane: *in vigilia divi Joannis Baptiste*, więc we cztery miesiące po pierwszém wydaniu (112).

---

[109] Tamże IV, 118.
[110] Tamże IV, 118 et 113.
[111] Panzer An. typ. VI, 453.
[112] Janociana I, 256. et Panzer l. c.

Vita beatissimi *Stanislai* Cracoviensis
Episcopi et Polonorum protomartyris mi-
rifici edita per egregium virum Dnum
Johannem Dlugosch Canonicum Cathedralis Ecclesie Cracoviensis Anno Dni.
1465. Et alie legende sanctorum Polonie, Hungarie, Bohemie, Moravie, Prus-
sie, et Slesie, Patronorum. Impressum
Cracovie in edibus Joh: Haller, Anno
1511. 4to 131 kart prócz regeſtru alfabe-
tycznego (113).

M. D. XII.

Epithalamium in nuptiis Sigismundi Regis Polonie invictissimi ac ilhuſtrussime
principis Barbare filie preclari quondam
Stephani comitis perpetui Czepusien. et
regni Hungarie Palatini, per *Joannem*
Linodesmona Dantiscum editum Cracovie ex officina Joh: Haller 1512. 4to. 6.
kart (114).

Encomium nuptiale divo Sigismundo re-
gi Polonie scriptum, anno M. D. XII. Magistri *Eobani Hessi* diligentia. *Na koń-*

(113) Janocki Nachrichten IV, 155.
(114) Tamże III. 77.

cu: Cracovie imprimebat Joh: Haller. 1512. 4to, 6 kart (115).

Francisci Philelphi viri grece et latine ernditissimi epistolarum familiarium libri 37. Cracovie industria et impensa Joh. Haller 1512. 4to max. 354 kart. *W dedykacyi do Erazma Ciołka Biskupa Płockiego, podpisał się Stanisław z Łowicza iako wydawca* (116).

In Augustissimum Sigisimundi Regis Polonie et Regine Barbare connubium *Andree Critii* Scholastici Posnaniensis Carmen. Cracovie ex edibus Joh: Haller Anno 1512. 4to, 1½ arkusza (117).

Statuta Diocesana pro diocesi Gnesnensi. Cracovie impensis Joh: Haller. 4to 1½ arkusza (118).

Johannis Sacrani (de Oswiecim) Modus Epistolandi una cum Epistolis exemplaribus. Cracovie impensis Joh: Haller 1512. 4to (119)

[115] Tamże IV, 29. — Janociana I, 72.
[116] Tamże IV, 176. et Janociana I, 176.
[117] Janocki Nachrichten IV, 157.
[118] Tamże.
[119] Janociana II, 236.

M. D. XIII.

Introductorium Astronomie Cracoviense elucidans Almanach editum per Magistrum *Michaelem Vratislavien*. Impressum Cracovie impensis Joh: Haller per Florianum Unglerium Anno 1513. 4to 5½ arkusza (120).

Parvulus Philosophie naturalis cum expositione textuali ac dubiorum magis necessariorum dissolutione ad intentionem Scoti congesta in studio Cracoviensi (a *Johanne Stobnicensi*). Impressum Cracovie impensis Joh: Haller per Florianum Unglerium. 1513. 4to 76. kart (121).

Francisci Philelphi breviores elegantioresque Epistole omnibus qui pure et latine scribere cupiunt multum utiles et necessarie. — Iterum ad unguem revise etc. cura et impensa Joh. Haller 1513 4to. 114 kart (122).

M. D. XIV.

Questiones magistri *Johannis Versoris* per magistrum *Johannem Glogoviensem*,

[120] Janocki Nachrichten IV , 137.
[121] Tamże 125. — et 159. et Janociana I , 258.
[122] Janocki Nachrichten IV , 138.

pro

pro Juniorum in Philosophie studiis institutione noviter emendate. Impresse Cracovie arte et impensis Joh: Haller, anno
IVXIIII (to znaczy 1514) 4to (123).

Plutarchi Cheronei de liberis educan-
dis libellus latine redditus per *Guarinum
Veronen.* cum M. *Georgii Legnicen.* pre-
fatione. Impressum apud Flor: Unglerium expensis Joh: Haller (124.)

(*Valentini Ecchii*) utrum prudenti viro
sit ducenda uxor. Carmen sane elegan-
tissimum illustri ac Magnifico Domino Ale-
xio Thurzoni Regalium cubiculariorum Ma-
gistro dicatum. apud Joh: Haller, 1514.
4to, (125).

Passio Jesu Christi Salvatoris mundi va-
rio carminum genere, F. *Benedicti Che-
lidonii* Musophili doctissime descripta. *Na
końcu:* Impressum Cracovie per Florianum
et Volfgangum de Paffenhofen 1514, *a
przy tém znak drukarni Hallero-
wskiéy.* (126.)

Diurnale secundum usum Eccclesie Cracoviensis. Cracovie arte et impensis Joh:

[123] Janocki Nachrichten IV, 119.
[124] Janociana I, 166.
[125] Janocki Nachrichten IV, 133.
[126] Panzer A. T. VI, 456.

Haller, Anno 1514, 8vo, 360 kart (127).

Agenda Latino et vulgari sermone Polonico videlicet et All emanico illuminata. Impressa Cracovie arte et impensis Joh: Haller. Anno 1514. in 12mo 95 kart (128). *Prócz Pieśni Boga Rodzica przy Statucie. Alexandrowym w roku 1506 wydrukowaney, ta Agenda podobno nayftarszym będzie drukiem polszczyzny, ile nam dotąd wiadomo.*

Francisci Nigri doctoris et oratoris spectatissimi compendiosa ars de Epistolis artificiose exarandis. Impressum Cracovie impensis Joh: Haller per Flor: Unglerium et Wolfgangnm Lern: 1514 4to. 53 kart (129).

Anzelmi Poloni minorite descriptio terre sancte et urbis Jerusalem. Cracovie 4to 1514. (130).

(Christophori a Suchten Gedanensis) de nobili et gloriosa victoria per invictissimum Polonie Regem D. Sigismundum a Moscis reportata. Cracovie apud Joh: Haller 1514. 4to (131).

---

[127] Janocki Nachrichten IV, 159.
[128] Janocki Nachrichten IV, 159.
(129) Tamże IV, 160.
[130] Hoffman de typogr: p. 9. Panzer A. T. VI, 417.
[131] Janociana I, 267.

Introducstorium Astronomie in Epheme-
rides per M. *Johannem Glagoviensem*
in Communem Studentum in arte stellarum et studio Astronomie perficere cu-
pientium utilitatem. — Impressum Cracovie per Florianum et Wolfgangum (in domo Joh: Haller) 1514, 4to (132).

M. D. XV.

Missale Cracoviensis diocesis. Apud Joh:
Haller 1515 in folio (133).

Lucii Flori bellorum Romanorum libri
quatuor — diligenter recogniti per Val:
Eckium. Impressi Cracovie arte et impensis Joh: Haller, 1515. 4to. majori. (134).

M. D. XVI.

Expositio et interpretatio Hymnorum ex
doctoribus in gymnasio Cracoviensi pro
Juniorum eruditione ac eorum in sacris
litteris institutione conflata — per Mag:
Michalem de Vratislavia opera et impensis Joh: Haller. Anno 1516, 4to 132 kart (135)

---

(132) Janocki Nachrichten IV, 119.
(133) Hoffman de typogr. p. 9.
(134) Janociana I, 64.
(135) Janocki Nachrichten IV, 137.

Alberti magni philosophie naturalis
Isagoge sive introductiones. Emendate
nuper et impresse summa diligentia. In
libros Aristotelis Phisicorum, de coelo et
mundo, de generatione metheororum, de
anima cum annotatiuncalis marginali-
bus. Impensis Joh: Haller. 1516. 4to 69.
kart (136).

Dialogus Mythologicus *Bartolomei Co-
loniensis* dulcibus jocis, jocundis salibus,
concinnisque sententiis refertus atque diligenter nuper elaboratus. in edibus Joh:
Haller 1516, 4to 4 arkusze (137)

Nicolai de Kamieniecz, expositio in
bullam sanctissimi domini nostri domini
Leonis Pape X. cum plenaria indulgentia.
Una cum declaratione ejusdem pro instau-
ratione Castri Kaminiecz. V. mensis Aug:
An: Dni 1516. Cracovie per Florianum
Unglerum impressum, impensis Joh: Hal-
ler, 4to (138.)

M. D. XVII.

Introductorium Astronomie Cracoviense
elucidans Almanach. 1517. *Mieysce dru-*

[136] Janocki Nachrichten IV, 162. Fabr: bibl: gr.
Harlesii III, 345.
[137] Tamże IV, 163. — Panzer I, c. 452.
[138] Janoc. Zna I, 146.

ku i imie drukarza nie wyrażone, lecz cyfra Hallerowska znayduie się na tytule. (139).

De Nuptiis Sigismundi Regis Polonie et Bone Ducis Mediolani filie carmen Magistri *Pauli Crosnensis*. Impressum Cracovie per Joh: Haller 1517. 4to. dwa arkusze (140).

M. *Tul: Ciceronis* Rhetoricorum libri IV. Cracovie per Johannem Haller 1517. 4to (141).

Parvulus Philosophie naturalis etc. *Joannis Stobnicensis* impensis Joh: Haller, 1517. 4to 70 kart (142).

Algorithmus linealis cum pulchris conditionibus duaram Regularum De Tri: una de integris: altera vero de fractis: Regulisque socialibus: et semper exemplis idoneis adjunctis. Cracovie opera et impensis Joh: Haller. 1517. 4to $2\frac{1}{2}$ arkusza. *Jan z Łancuta w Szląsku autorem iest tego pisma poźniey w różnych drukarniach pokilkakroć wydanego.* (143).

[139] Janocki Nachrichten IV, 139.

[140] Janocki Nachrichten IV, 164.

[141] Panzer A. T. VI. 458.

[142] Tamże. IV, 125. et Janociana 1, 258.

[143] Janocki Nachrichten IV, 167.

Francisci Philelphii breviores elegantioresque Epistole omnibus qui pure
et latine scribere cupiunt multum utiles
et necessarie, cura et impensa Joh: Haller
1517 4to 106 kart. (144)

Legende sanctorum Adalberti, Stanislai, Floriani incliti Regni Polonie Patronorum: ac de translationibus eorum in for-
ma lectionum breviter ordinate. Pro sim-
plicibus predicatoribus verbi Dei peruti-
les. Cracovie opera et impensis Joh: Haller, 1517, 4to 3 arkusze (145). — *Zywo-
ty tutay opisane, wcale się różnią od
żywotów przez Długosza spisanych i
wydanych w r. 1511.*

M. D. XVIII.

(*Valentini Ecchii*) utrum prudenti viro sit ducenda uxor Carmen Elegiacum.
Cracovie apud Joh: Haller. 1518 4to (146).

Heroicum Carmen *Valentini Ecchii*
de amicitie et concordie utilitate. Lusum
Bartphae. Cracovie apud Joh: Haller 1518.
4to (147).

---

(144) Tamže 168.
[145] Tamže IV, 163.
[146] Janociana, I, 66.
[147] Tamže.

Johannis Dantisci Soteria. Adjuncta est congratulatio *Rudolphi Agricole* ad D. Sigismundum de Herberstein et Sigismundum Polonie Regem. Impensis Joh: Haller. Cracovie 1518. 4to (148)

Adesto met tertia sancta Anna. Computus novus et ecclesiasticus totius fere Aſtronomie fundamentum pulcherrimum continens. In edibus Joh: Haller, 4to 2½. arkusza (149).

Modus regulariter accentuandi lectiones matutinales. Prophetias nec non Epiſtolas et Evangelia. Cracovie in edibus Joh: Haller 1518, 4to. 2. arkusze (150).

Pauli Crosnensis de nuptiis Sigismundi Regis Polonie et Bone Ducis Mediolani filie Elegia. Cracovie per Johan: Haller 1518. 4to (151).

Pomponii Laeti de Romanorum magiſtratibus, sacerdotiis, jurisperitis et legibus libellus; *przy tym znak drukarni Hallerowskiey. Na końcu zaś:* impressum

[148] Janocki Nachrichten IV, 131. et Janociana I, 11.
[149] Janocki Nachrichten IV, 168.
[150] Tamże IV. 169.
[151] Janociana I., 52.

Cracovie per Hieronimum Vietorem 1518 4to (152).

M. Tul: Ciceronis pro A: L. Archia poeta contra Graccum Oratio, omnes pene Orationis rhetorice partes complectens. *Znak Hallerowski, a przy końcu:* impressum Cracovie per Hieron: Vietorem, 1518. 4to (153).

Opuscula *Hieronimi Emser* Ducalis Secretarii. Cracovie in domo Joh: Haller 1518, 4to 4½. arkusza, (154).

Statuta provincialia: toti provincie Gnesnen: Valentia auctoritate apostolica edita, ut clare patet ex bullis summorum pontificum hic insertis. 1518. 4to 10 arkuszy: cyfrą Hallerowska okazuie mieysce druku (155).

M, D. XIX,

Textus Summularum *Petri Hispani* per tractatus et capita divisus. etc. In edibus Joh: Haller 1519. 4to 83 kart (156).

[152] Panzer A. T. VI, 460.

[153] Tamże.

[154] Janocki Nachrichten IV, 170.

[155] Tamże IV, 171.

[156] Janocki Nachrichten IV, 176.

De Mundi contemptu et virtute amplectenda Dialogus per *Valentinum Eckium* Bartphane schole moderatorem, ex officina Joh: Haller 1519. 4to (157).

Institutiones vite. — Ex *Roberto de Euromodio* ceterisque claris scriptoribus, Rudolpho Agricolaiun, auctore congeste. — *List przypisny do* Bonnera, *datowany iest w Septembrze* 1519. — Cracovie in edibus Haller, 4to (158).

Tractatus sacerdotalis de Sacramentis deque divinis officiis et eorum administrationibus compositus per venerabilem *Nicolaum de Plove* (Blonie) decretorum doctorem. Apud Joh: Haller 1519. 4to 94, kart (159).

M. D. XX.

Vita beati Casimiri Confessoris a *Zacharia Ferrerio* Vicentino Pontifice Gardien: in Polonia et Lithuania Legato Apostolico, Vilne scripta anno 1520. Cracovie in edibus Joh: Haller eodem anno excusa. 4to (160)

---

[157] Janociana I, 67.
[158] Panzer A. T. VI, 481.
[159] Janocki Nachrichten IV, 171. et Janociana I, 13.
[160] Janociana II, 91.

Missale Diocesis Plocensis. In Edibus
Joh: Haller 1520. fol: maj: 291 kart (161).

Modus Epistolandi *Johannis Sacrani*
ejusdemque Epistole exemplares. Premissa
epistola magistri *Stanislai Lowicz*. Przy
końcu znayduie się życie Sgo Jana Kantego
wierszem sześcio miarowym bezimiennego
pisarza. In edibus Johannis Haller 1520
4to, (162).

M. D. XXI.

Epitoma Conclusionum Theologicarum
pro Introductione in *Petri Lombardi*
quatuor libros Sententiarum, per magistrum *Michaelem de Vratislavia* Professorem Cracoviensem. Ex officina Joh:
Haller. Anno 1521, 4to 149 kart (163).

(Mathie de Miechov) descriptio Sar-
matiarum Asiane et Europiane et eorum
que in ejs continentur, apud Joh: Haller 1512. przez wyraźną pomyłkę drukarza zamiaſt 1521, gdyż na przodzie tenże
rok 1521 ieſt wymieniony. — Nie trzeba
mieszać dzieła tego z innem tegoż autora
i w tymże roku wydanem pismem pod ty-

[161] Janocki Nachrichten I, 44.
[162] Janociana I, 176. et II, 236.
[163] Janocki Nachrichten IV, 138.

tułem: *Chronica Polonorum*, w Krakowie u Hieronima Wietora in fol: (Obacz
Panzer An: Typ: VI, 464. i autorów tamże przytoczonych). 4to 9 arkuszy (164).

Quinti Horatii Flacci liber de arte
poetica ad Pisones. Ex officina Joh: Haller,
1521. 4to maj: (165).

Antiquissimi Grecorum poetarum *Hesiodi* Georgicorum liber per *Nicolaum*
de Valle e greco in latinum conzersus;
na końcu: in edibus Joh: Haller, apud in-
clytam Polonie Cracoviam. 1521 4to (166).

Orationes Zacharie Fererii in Poloniam
et Lithuaniam Legati Apostolici habite
Torunii ad Seren: Polonie Regem Sigismundum; apud Joh: Haller 1521. 4to (167)

Algorithmus Johannis de Sacrobusto
apud inclitam Polonie Cracoviam. In edibus Joh: Haller 1521. 4to 4 arkusze (168).

---

[164] Tamże IV, 176.— Sołtykowicz 278. — Panzer A. T.
  VI, 463.

[165] Janociana I, 62.

[166] Janocki Nachrichten IV, 122.

[167] Janociana II, 92.

[168] Janocki Nachrichten IV. 176.

M. D. XXII.

Questiones librorum de Anima Joannis Versoris per M. *Joannem Glogoviensem* explicatæ apud Joh: Haller, Cracovie 1522. 4to (169).

Joannis de Sacrobosco Astronomi celeberrimi sphericum opusculum, cum lucida et familiari expositione per *Matheum Shamotulien:* artium magistrum, in studio alme universitatis Cracovien: collecta. *Przy końcu te są wyrazy:* Cracovie apud Florianum Impensis Joh: Haller. Anno 1522. In 4to 78 kart. (170).

Summarius Computus ex variis Computualibus libris breviter recollectus denuo castigatus et revisus. Impressum Cracovie per Johannem Haller. 1522. 4to $2\frac{1}{2}$. arkusza (171).

Modus Epistolandi eximii medicine doctoris et legum licentiati *Joannis Ursini* Cracoviensis cum Epistolis exemplaribus et orationibus annexis. Impressum Cracovie per Joh: Haller. 1522. 4to $9\frac{1}{2}$. arkusza (172).

---

[169] Sołtykowicz 169.
[170] Janocki Nachrichten IV, 177. — Sołtykowicz 244. Janocia: I. 245.
[171] Janocki Nachrichten IV, 180.
[172] Tamże.

Q. Horatii Flacci Epistolarum libri II. recogniti per *Valentinum Ecchium* Philyripolitanum. arte et impensis Joh: Haller 1522. 4to (173.)

M. D. XXIII.

Missale Diocesis Gnesnensis. Impressum in officina Joh: Haller. 1523. fol: 290. kart (174).

Historia totius vitæ et passionis Dni nostri Jesu Christi. Ex quatuor Evangelistis collecta a fratre *Joanne de Stobniczæ* ordinis minorum de observantia. Cracovie apud Joaunem Haller 1523, 4to (175).

M. D. XXIV.

Ppilippi Callimachi Experientis ad Innocentium octavum Pontificem maximum Janna ortum de bello inferendo Turcis Oratio. Impensis sumptu et opera spectate integritatis viri Domini Joh: Haller. 1524. 4to $8\frac{1}{2}$. arkusza. *Na końcu przydany iest wiersz Macieia Pyrseryusza Szlązaka do Jędrzeia Krzyckiego* (176)

---

[173] Janociana I, 6p.
[174] Janocki Nachrichten IV, 181.
[175] Janociana I, 248.
[176] Janocki Nachrichten IV, 182. et Janociana I, 419.

M. D. XXV.

Missale pro itinerantibus secundum cursum Ecclessie Cathedralis Cracoviensis. Cracovie per Joh: Haller. 1525. 4to maj: 165. kart (177).

Historia totius vite et passionis Jesu Christi a fratre Joanne *de Stobnicza* collecta. Cracovie opera et impensis Joh: Haller 1525. 4to (178).

M. D. XXVI.

Legalis dialectica *Petri Andree Gamari* Bononien. Cracovie ex edibus Dni Joh: Haller. Anno 1526. 4to 16. arkuszy (179).

M. D. XXVII.

Epistole Senece. Cracovie in officina Joh: Haller 1527. 4to 91. kart (180).

M. D. XXVIII.

Horarum Canonicarum liber dictus Viaticus insignis Eoclesie Cathedralis Plo-

---

[177] Janocki Nachrichten IV, 183.
[178] Janociana I, 258.
[179] Janocki Nachrichten IV, 183.
[180] Janocki Nachrichten IV, 184.

censis. In edibus Joh: Haller, 1528 fol:
maj: 347 kart (181).

[181] Janocki Nachrichten I, 45.

Kończąc ten długi lubo ieszcze niedoſtateczny wywód o pierwiaſtkowych naszych zwłaszcza Hallerowskich drukach, mniemamy, że tę przynaymniey korzyść dla bibliografii Polskiey przyniesie, iż mężom z skarbami zamożnych Bibliotek i dawnych dzieł polskich dokładnie obeznanym, do dalszego tey rzeczy roziaśnienia, ſtać się może powodem. A po krytycznem roztrząśnieniu poiedynczych epok, będziemy mieć mogli dopiero dokładną drukarſtwa naszego, a z czasem i literatury Polskiéy hiſtoryą, iaką się inne Narody Europy zaszczycaią.

Do Karty 33.

Po wydrukowaniu początkowych arkuszy minieyszey rozprawy; doſtałem dyssertacyą opisuiącą piérwsze naszych Statutów wydanie (o którém mówiliśmy na k. 31 i naſtępnych), pod tytułem: J. C. C. *Oelrichs libri vetustissimi rarissimique Constitu-*

tionum et Statutorum regni Poloniæ pressa recensio. Palæo—Stetini 1768. 4to. Tytuł tych Statutów zgadza się z tytułem podanym przez Hofmana, z tą tylko różnicą, iż wyrazy *atque invictissimum* u Hofmana umieszczone, tu się nie znayduią, i interpunkcya w starożytnym także kształcie zachowana, nieco ieſt odmienna. Tudzież wyrazy przez Hofmana wypisane: *finis Statutorum Regni Poloniæ emendatissime impressorum*, nie znaydowały się w exemplarzu Elrychsa. Z tych odmian, (którychby się przy ścisłém porównaniu więcey może pokazało) wnosić trzeba, iż te ieſt inna edycya, różna od tych, które Hofman i Bandtkie opisali. Elrychs sądzi podobnie iak Hofman, iż te Statuta w Krakowie przed rokiem 1496. drukowano. Opis iego śiedm ſtron obeymuiący, daleko ieſt obszernieyszy, i dokładnieyszy od opisu Hofmanowego.

Jeden tylko exemplarz tych Statutów, znayduie się w Warszawie, w Bibliotece Chreptowiczow; ale że po śmierci iey właściciela ś. p. Joachima Chreptowicza książki wszystkie w pakach dla przewiezienia na inne mieysce zapakowane są, widzieć go przeto teraz nie mogłem.

CPSIA information can be obtained at www.ICGtesting.com
Printed in the USA
BVOW08s1027221214

380446BV00018B/339/P